KB252840

너는 왜
정치를 하니?

너는 왜 정치를 하니?

초판 1쇄 인쇄 2026년 2월 10일
초판 1쇄 발행 2026년 2월 20일

지은이 송재혁
발행인 전익균

이사 정정오, 윤종옥, 김기충
기획 조양제, 김영진
편집 김혜선, 전민서, 백서연
디자인 페이지제로
관리 이지현, 김영진
마케팅 (주)새빛컴즈
유통 새빛북스

펴낸곳 도서출판 새빛
전화 (02) 2203-1996, (031) 427-4399 **팩스** (050) 4328-4393
출판문의 및 원고투고 이메일 svcoms@naver.com
등록번호 제215-92-61832호 **등록일자** 2010. 7. 12

값 20,000원
ISBN 979-11-94885-30-6 03340

너는 왜 정치를 하니?

시민의 삶을 바꾸는 도전, 변화하는 노원의 다음 10년

송재혁 지음

도서출판 새빛
SAEVIT

임채정 제17대 국회의장

송재혁 서울시의원을 처음 만났을 때, 그는 지역신문을 만들며 지역의 현안을 치열하게 고민하던, 판단이 분명한 젊은이였습니다. 구의원이 된 이후에도 그는 취재하듯 골목과 현장을 누비며 주민들의 목소리를 듣는 사람으로 기억됩니다.

『너는 왜 정치를 하니?』에는 바로 그 시절, 발로 뛰며 마을과 골목을 오가던 송재혁의 모습이 고스란히 담겨 있습니다.

저자는 노원의 인구 변화, 복지와 돌봄의 문제, 기후 위기, 재정 구조, 도시의 미래라는 구체적인 사례들을 통해 지방자치와 정치의 역할을 차분히 짚어 나갑니다.

현장에서 쌓아 올린 송재혁 서울시의원의 단단한 경험과 지혜가 앞으로 노원의 발전을 위해 더 큰 역할로 이어지기를 기대합니다.

우원식 국회의장

중랑천에 갯버들을 심으며 더 나은 노원을 꿈꾸던 시절이 있었습니다. 척박했던 하천은 오히려 우리에게 '함께 무엇을 해야 하는지'를 일깨워 준 희망의 땅이었습니다. 그 현장에 늘 송재혁 시의원이 있었습니다.

『너는 왜 정치를 하니?』라는 책은 참 의미가 있습니다. 송재혁 시의원이 끊임없이 스스로에게 질문을 던지고, 자신을 돌아보며 성찰해 왔던 그간의 활동을 잘 정리하였습니다.

경험이 쌓이면 해야 할 일이 보이고, 더 나아가기 위한 길이 드러납니다. 이 책에는 송재혁 시의원이 현장에서 경험한 노원의 현실과 한계, 그리고 그 한계를 넘어 자족도시로 나아가기 위한 고민과 제안이 담겨있습니다.

가볍게 한 번 읽는 것만으로도 노원의 과거와 현재, 그리고 앞으로 나아가야 할 방향을 이해하는데 도움이 될 것입니다.

김성환 기후에너지환경부 장관

기후 위기의 시대에 살고 있습니다. 위기를 극복하는 일은 언제나 거대한 선언보다는 생활의 현장에서 시작됩니다. 기후와 에너지, 복지와 불평등이라는 문제들도 결국 마을이라는 가장 작은 단위에서 어떻게 실천되느냐에 따라 전혀 다른 결과를 낳습니다.

『너는 왜 정치를 하니』는 그 질문에 대한 저자인 송재혁 서울시의원의 성찰이며, 동시에 지방자치가 어디에서 다시 출발해야 하는지를 보여주는 기록입니다. 이 책은 이념이나 구호를 앞세우지 않습니다. 대신 중랑천을 살려낸 경험, 마을과 결합된 복지 정책, 주민이 주체가 된 에너지 전환, 그리고 자치구가 감당해야 할 기후 대응의 책임을 차분하게 짚어 나갑니다.

특히 인상적인 점은 이 책이 기후와 복지를 별개의 영역으로 다루지 않는다는 점입니다. 기후 위기는 환경의 문제가 아니라 삶의 문제이며, 가장 먼저 약자의 삶을 위협한다는 인식이 책 전반에 흐르고 있습니다. 자치구 차원의 기후 예산제, 생활형 재생에너지, 마을 기반 돌봄과 복지의 결합은 선언이 아니라 이미 현장에서 검증된 실천으로 제시됩니다. 이는 기후 정책이 곧 복지 정책이자 경제 정책이라는 오늘날의 인식과 정확히 맞닿아 있습니다.

『너는 왜 정치를 하니』는 송재혁 서울시의원의 화려한 성공담이 아닙니다. 오히려 지방의회의 제한된 역할, 광역 정책에 종속된 기초자치단체의 현실, 소수 정치가 감당해야 했던 좌절과 책임을 숨김없이 드러냅니다. 그럼에도 이 책이 희망적인 이유는, 답을 포기하지 않기 때문입니다. 답은 언제나 주민의 삶 가까이에 있고, 마을과 현장에서 다시 정치를 시작해야 한다는 믿음이 이 책을 끝까지 이끌어 갑니다.

게다가 세계적 과제인 기후 위기와 인구 감소, 돌봄의 문제를 '노원'이라는 구체적인 공간에서 풀어내는 방식은, "생각은 세계적으로 하되, 행동은 마을에서 시작해야 한다"는 저의 정치적 철학과도 결을 같이 합니다. 지방정부와 지방의회를 고민하는 모든 이들에게, 그리고 '정치는 왜 필요한가'를 다시 묻는 시민들에게 이 책을 추천합니다.

오승록 노원구청장

과거 노원의 역사는 철저히 베드타운의 역사였습니다. 80년 대 정부의 주택 공급 정책에 따라 대규모 아파트 단지가 들어설 때, 강남이 업무와 상업 지구를 품으며 화려하게 비상하는 동안 강북은 배후 주거지로 고착화되었습니다. 노원은 일자리를 찾아 강남과 도심으로 떠났던 이들이 고단한 몸을 이끌고 돌아와 잠 만 청하는, 말 그대로 '잠자리를 위한 터전'에 머물러야 했습니다.

이제 바뀌어야만 합니다. 잠만 자는 도시, 떠나가는 도시라는 오명을 벗고, 내 삶터에서 일하고 즐길 수 있는 도시. 직주분리의 고단함을 넘어 '직주락'이 완벽하게 실현되는 도시. 그것이 새로 운 세대를 맞이한 노원이 반드시 가야 할 길입니다. "노원구는 어 디로 가고 있는가? 미래도시 노원은 어디까지 와 있나?"라는 질 문은 그 어느 때보다도 엄중한 무게로 다가옵니다.

그런 점에서 송재혁 서울시의원의 문제의식은 정확하고 대안 제시는 명쾌합니다. 그는 8년간 서울시의원으로서 노원구 발전을 위해 부단히 애썼고, 노원의 변화와 발전을 위한 구상이 구청장 인 저와 일치하는 점이 많아 참으로 든든합니다.

바쁜 의정 활동 중에서도 스스로 전문성을 더하고 주민들과의 약속을 더 잘 지키기 위해 도시행정학 석사학위까지 취득한 학구파이기도 합니다. 이 책은 저자가 발품 팔아 활동한 현장감에 치열하게 고민하고 공부한 흔적이 고스란히 담겨 있습니다.

노원이라는 도시가 겪어온 세월에 대한 목격자이자, 노원의 현재 문제를 진단하는 전문가, 그리고 미래의 노원을 위해 기꺼이 열정을 다 바칠 동반자로서 그의 주장을 귀담아들어야 합니다. 노원의 미래를 고민하는 송재혁 의원의 이야기를 통해 희망을 꿈꾸는 시간이 되기를 바랍니다.

박주민 국회 보건복지위원회 위원장

송재혁 의원님의 책을 추천합니다.

이 책은 "노원의 인구는 왜 줄어들까?"라는 질문에서 출발합니다. 이는 한 지역의 인구 감소 현상을 분석하기 위한 물음이 아닙니다. 노원이라는 지역을 통해, 한 도시를 운영해 온 정책과 선택이 어떤 결과를 만들어왔는지를 되짚는 질문입니다. 저 역시 숫자적 의미의 성장에만 집중하는 것이 아니라, 그 이면에 놓인 다양한 이유들을 고민해 왔기에 이 질문이 더욱 반갑게 다가왔습니다.

이러한 문제의식은 자연스럽게 "지방정부가 어디까지 책임져야 하는가"라는, 정치인이라면 누구나 마주하게 되는 쉽지 않은 질문으로 이어집니다. 이 책이 주는 울림은 정치가 이상적인 구호에 머무는 것이 아니라, 행정과 재정, 정책 설계의 언어로 고민되어야 한다는 점을 분명히 보여준다는 데 있습니다.

특히 마지막에 담긴 구민과의 대화에서는 송재혁 의원님이 노원에 대해 품고 있는 깊은 애정을 느낄 수 있었습니다. 구민들과 만나 나눈 질문과 답변들은, 주민의 삶이 실제로 변화하는 지점에서 정치는 어떤 역할을 해야 하는지, 그리고 지방정부는 무엇을 책임져야 하는지에 대한 진지한 성찰로 이어집니다.

이 책은 노원에 관한 책이지만, 노원만의 이야기는 아닙니다. 지방정부의 미래를 고민하는 정치인과 공직자, 그리고 자신이 사는 도시의 내일을 생각하는 시민 모두에게 이 책을 추천합니다. 이 책은 지방정부가 무엇을 해야 하는지를 묻는 진지한 기록이기 때문입니다.

김영호 국회 교육위원회 위원장

『너는 왜 정치를 하니?』는 노원의 인구 감소를 통해 도시 정책의 결과를 정직하게 마주하게 합니다.

이 책은 인구 문제를 숫자가 아닌 삶의 문제로 바라봅니다.
아이를 키울 수 있는 도시, 청년이 머물 수 있는 도시는 왜 사라지고 있는지 묻습니다.

저자는 현장의 경험을 바탕으로 주거·교육·일자리를 하나의 흐름으로 연결하며 해법을 제시합니다. 출산 장려를 넘어, 세대가 이어지는 도시의 조건을 이야기합니다.

이 책이 '사람이 머무는 도시'를 만드는 길잡이가 되기를 바랍니다.

서울디지털바이오시티(S-DBC)에 대한 전략 논의를 마치고...

(좌) 송재혁 의원 (우)보스턴의 '랩센트럴' 설립자 요하네스 회장

3부 지방정부의 역할과 책무

노원의 인구는
왜 줄어들까?

1980년대 중반부터 아파트 단지가 조성되고 입주가 시작되면서, 노원은 젊은 부부와 중산층이 중심이 된 계획도시로 출발했습니다. 그리고 1988년 1월 1일, 도봉구에서 분구되며 독립된 자치구로 자리 잡은 노원구는 '아이 키우기 좋은 도시', '안정적인 중산층의 삶터'라는 생활 만족도가 높은 꿈이 있는 젊은 도시였습니다.

1990년 4월 1일자 노원라이프저널 '창간특별기획'인 라이프스타일 조사에 의하면 아파트에 거주하는 주부들의 학력은 47.2%가 대졸 이상이었으며 설문 응답자 중 95.4%는 스스로 중산층 이상이라는 계층의식을 갖고 있었습니다.

그러나 40년이 흐른 지금, 노원의 모습은 크게 달라졌습니다. 부모님 모시고 아이들의 손을 잡고 노원에 정착했던 젊은 부부는 어느덧 70대 고령층이 되었고, 자녀들은 성장해 결혼과 취업을 계기로 노원을 떠났습니다. 한때 인구 63만 명을 넘기며 서울 25개 자치구 가운데 가장 인구가 많았던 노원은 현재 48만 명 선을 겨우 유지하고 있습니다. 인구 감소와 관련한 각종 통계에서 노원은 지난 10년 동안 지속적으로 1위를 기록하고 있습니다.

많은 주민들은 의문을 갖습니다.
"집은 계속 늘어나는데, 왜 사람은 줄어들까?"

도시가 쇠락하는 과정에서 가장 두드러지게 나타나는 현상이 인구 감소입니다. 한때 30대 인구가 두텁고 '가능성 있는 젊은 도시'로 불리던 노원은, 이제 고령화와 함께 지속적으로 인구가 줄어들고 있습니다.

노원의 인구 감소 원인은 크게 네 가지로 정리할 수 있습니다. 첫째, 사회적인 인구 구조의 변화입니다. 1980년대 대단위 아파트 단지 조성으로 가족들과 함께 노원으로 이주했던 30대 부부는 이제 70대 고령층이 되었습니다. 부모 세대는 자연 감소했고, 자녀 세대는 성장하여 독립하면서 가구당 인구수가 급격히 줄어들었습니다. 이는 특정 개인의 선택이 아니라, 신도시형 주거지에서 공통적으로 나타나는 생애주기 변화의 결과입니다.

둘째, 청년 인구의 유출입니다. 성장한 청년들이 일자리를 찾아 노원을 떠나고 있지만, 이를 붙잡을 도시 내 산업 기반은 충분히 형성되지 못했습니다. 노원은 애초에 '주거 중심 도시'로 계획되었기 때문에, 청년과 전문 인력이 머물 수 있는 양질의 일자리와 산업 공간이 상대적으로 부족합니다. 이로 인해 교육을 마친 청년들이 지역을 떠나는 구조가 반복되고, 이는 다시 지역 활력 저하로 이어지는 악순환을 낳고 있습니다.

셋째, 노후화된 주거 환경입니다. 오늘날의 젊은 세대와 신혼부부는 도심 접근성 못지않게 주거의 질과 생활 편의성을 중시합니다. 노원의 다수 주거지는 조성된 지 30년 이상 경과 하면서 공간 구성과 설비 측면에서 현재의 주거 수요를 충분히 반영하지 못하고 있습니다. 그 결과, 서울을 다소 벗어나더라도 새롭게 조성된 신개념 주거 단지로 이동하는 경향이 뚜렷해지고 있습니다.

넷째, 보육과 교육 환경의 변화입니다. 과거 '교육특구'로 불리던 노원의 위상은 상당 부분 약화되었습니다. 일부 지역이 명맥을 유지하고 있으나, 전반적인 교육 경쟁력은 예전 같지 않습니다. 출생률이 상대적으로 높지 않은 은행사거리 인근의 을지초등학교는 학기 초보다 학기 중 전입 학생 수가 해마다 200여 명에 이르고 이에 따라 노원구에서 학생 수가 가장 많은 학교가 되었습니다. 교육환경이 가구 이동과 인구 유·출입에 얼마나 직접적인 영향을 미치는지를 알 수 있으며, 이는 교육환경이 단순한 복지 영역을 넘어, 도시 경쟁력의 핵심 요소임을 보여주는 현상입니다.

부모 세대의 사망과 자녀 세대의 독립으로 가구당 인구가 줄어드는 현상은, 도시 형성과 시간의 흐름 속에서 발생하는 어느 정도 자연스러운 변화일 수 있습니다. 그러나 노원의 인구 감소를 단순한 수치의 문제로만 볼 수 없는 이유는 노원에서 태어나고 자란 청년들이 결혼과 동시에 노원을 떠난다는 데 있습니다. 이는 생산연령 인구와 아이를 키우는 세대가 동시에 빠져나가고 있다는 것을 의미합니다.

이러한 구조로 인해 학교는 남아 있지만 아이는 줄어들고, 경로당은 늘어나지만 지역의 활력은 점점 약해지고 있습니다. 인구 감소의 본질은 '사람이 줄어드는 문제'가 아니라 '세대가 이어지지 않는 문제'이며, 이것이 노원이 마주한 가장 근본적인 위기입니다.

출생 장려 정책만으로 이 문제를 해결하려는 접근은 한계가 분명합니다. 따라서 아이를 낳게 하는 도시 이상으로 태어난 아이들이 건강하고 행복하게 성장할 수 있는 도시를 만드는 일이 중요합니다.

이 책은 지난 40여 년간 노원이 걸어온 길을 돌아보고, 현재의 한계를 진단하며, 앞으로 나아가야 할 방향을 모색하기 위해 기획되었습니다. 노원은 서울의 대표적인 주거 도시로 성장해 왔지만, 그 과정에서 형성된 도시 구조와 정책은 오늘날 인구 감소와 고령화, 일자리 부족이라는 복합적인 과제를 남겼습니다. 이 책은 노원의 과거와 현재, 그리고 미래를 하나의 흐름 속에서 조망하며, 지역의 경험이 다른 기초지방정부에도 의미 있는 시사점을 가질 수 있도록 구성했습니다.

1부에서는 지난 40년간 노원의 형성과 성장 과정에서 중요한 전환점이 되었던 사건과 정책, 그리고 도시의 정체성을 형성하는 데 결정적인 역할을 했던 순간들을 정리했습니다. 대규모 주거단지 조성, 인구 유입과 성장의 시기, 교육과 생활 인프라 확충의 과정 등은 노원을 오늘의 모습으로 만든 토대였습니다. 동시에 이러한 선택들이 시간이 흐르며 어떤 구조적 한계를 만들어냈는지도 함께 짚었습니다. 이는 과거를 단순히 회고하기 위함이 아니라, 현재의 문제를 이해하기 위한 과정입니다.

2부에서는 서울시의 정책과 사업을 중심으로 의정활동을 정리했습니다. 재정자립도가 낮고 자주 재원만으로는 도시의 변화를 이끌기 어려운 노원구의 현실 속에서, 서울시의 정책 방향은 결정적인 영향을 미칩니다. 특히 현재와 같은 의존 재정 구조에서는 서울시의 정책과 예산, 사업 설계가 노원의 발전 방향을 좌우한다고 해도 과언이 아닙니다. 이 장에서는 서울시 정책이 노원에 어떤 영향을 미치는지, 그 과정에서 서울시의회의 역할은 무엇인지 사례를 통해 담았습니다. 이는 지방의회의 한계와 가능성을 동시에 보여주는 기록이기도 합니다.

3부에서는 노원만의 과제를 넘어, 모든 기초지방정부가 공통으로 고민해야 할 정책 과제들을 제안의 형식으로 정리했습니다. 인구 감소, 고령화, 재정 불균형, 돌봄과 교육, 기후 위기 대응과 같은 문제는 특정 지역에 국한된 것이 아니라 전국적인 현상입니다. 이에 현장에서의 경험을 바탕으로, 기초지방정부가 어떤 시각과 전략으로 접근해야 하는지를 정책 제안 차원에서 풀어냈습니다. 이는 노원의 사례를 통해 기초지방정부의 역할과 책임을 다시 생각해보는 장이기도 합니다.

　4부에서는 베드타운이라는 한계를 넘어 자족도시로 성장하기 위한 노원의 변화를 담았습니다. 주거 기능에만 의존하는 도시는 더 이상 지속 가능하지 않습니다. 사람이 머무르고, 일하고, 삶을 영위할 수 있는 구조를 갖추지 못한 도시는 결국 쇠퇴할 수밖에 없습니다. 따라서 노원이 청년과 가족이 정착할 수 있는 도시, 일과 삶이 지역 안에서 연결되는 도시, 아이와 어르신, 약자가 함께 살아갈 수 있는 도시로 전환하기 위해 어떤 변화가 필요한지를 중장기 전략의 관점에서 제시했습니다. 이는 노원의 '버전 2'인 자족도시를 향한 구상이며, 앞으로의 40년을 준비하는 방향 제시이기도 합니다.

　방향의 전환은 새로운 계획 하나를 추가하는 것이 아니라, 도시의 정체성과 미래를 다시 정의하고, 도시 구조와 정책의 패러다임을 바꾸는 일입니다.

　인구 감소라는 결과를 붙잡고 대응하는 데에 머무르지 않고, 사람이 떠나지 않고 생활하며 꿈을 키워갈 수 있는 조건을 하나씩 만들어 가는 도시. 그것이 노원이 준비해야 할 새로운 40년의 모습이며, 생활 자족형 도시로 가는 길입니다.

　2026년 새해를 맞이하며
　송재혁이 노원구민께 드립니다.

8
LIFE JOURNAL　　　　　　　라이프저널

창 ■ 간 ■ 특 ■ 별 ■ 기 ■ 획

▲ 인구통계학적분석

대졸이상 주부가 47%넘어

노원구 아파트주부들의 학력수준은, 대졸이상이 47.2%, 고졸이하가 52.8%로 대단히 높은 것으로 나타났다.

생활수준은 스스로 '중류이상'이라고 응답한 주부들이 무려 95.4%로 대부분이 실제 소득과는 별 관계없이 중산층 계층귀속 의식을 갖고 있음을 보여주었다.

스스로 '중류이상'이라고 응답한 주부 95.4%

월평균 생활비지출액은 50만원~80만원인 가구가 43.5%, 그 다음이 30만원~50만원(30.1%)으로 나타났고,80만원 이상을 지출하는 가구도 20.8%나 되었다.

현재 살고있는 아파트가 자신의 소

노원라이프저널은 창간특별기획으로 지난 2월25일부터 5일간 노원구 아파트 거주 주부들을 대상으로 '라이프스타일 조사'를 실시하였다. 모두 58개 항목에 걸쳐 20대에서 40대 주부 2백16명을 대상으로 실시한 이번 '라이프스타일 조사'로, 노원구 아파트 주부들의 생활의식 및 태도가 보다 선명하게 드러나게 되었다. 또한, 노원라이프저널이 주부들의 생활속에서 함께 호흡하며 유익한 길잡이가 될 수 있는 편집방향을 설정하는 데 훌륭한 지표가 될 것이다.

유라고 응답한 경우는 74.1%, 전세 또는 월세인 가구는 25.9%로 자기의 비율이 서울시 평균을 훨씬 웃도는 것으로 밝혀졌다.

▲ 일상생활 속의 주부들의 관심사

단연 자녀교육이 으뜸

노원구에 살고있는 주부들의 최대 관심사는 '자녀교육'(65.7%)인 것으로 나타났다. 다음이 '재산증식'(11.6%), '주택문제'(11.1%), '문화생활'(9.7%) 순으로 관심을 보였다.

특히, 자녀교육에 대한 관심은 30대 주부들 중에서 가장 높게 나타났는데 30대 응답자의 74.6%가 자녀교육을 으뜸가는 관심사로 꼽고 있었다.

▲ 주로 이용하는 생활정보원

대졸이상은 신문을 더 선호

주부들은 대부분 TV(46.8%)와 신문(43.1%)을 통해 생활에 필요한 각종 정보를 얻고 있는 것으로 나타났다.

20대와 40대 주부들은 TV를 가장

한편, 전세나 월세를 살고 있는 주부들 중에서는 '자녀교육'이 40.0%, 다음이 '주택문제'로 38.0%를 차지 엇비슷한 관심도를 보였다.

이는, 아직 주택을 소유하지 못한 주부들에게는 자녀교육도 중요하지만 그에 못지않게 주택문제 해결이 시급함을 보여주는 것이라 볼 수 있다.

주된 생활정보원으로 각각 46.2%, 61.9%가 활용하고 있는 반면, 30대 주부들은 TV(41.8%)보다 신문(46.7%)을 생활정보원으로 더 중시하고 있있다.

학력수준별로는, 고졸이하의 주부층에서 TV(50.9%)를 신문(43.0%)보다 더 선호하고 있는 반면, 대졸이상의 주부층은 신문(43.1%)을 TV(42.2%)보다 약간 더 이용하고 있었다.

즉, 젊은수…
정보매체로서 많이 활용하고 그 밖에 잡지…에 필요한 정 주부는 각각 6 미미한 비율을

▲ 레저 ·

한달에 한권 "1년에 영화…

한달평균 독서량 1권이하 45.4%로 책을 안보는 주…

에 대한 설문에서 2%, '2-3회'가 10.2%로 주부… 대체로 키운 것… 연령별로 구… 이하 편람하는…

〈일상생활 속의 최대관심사〉

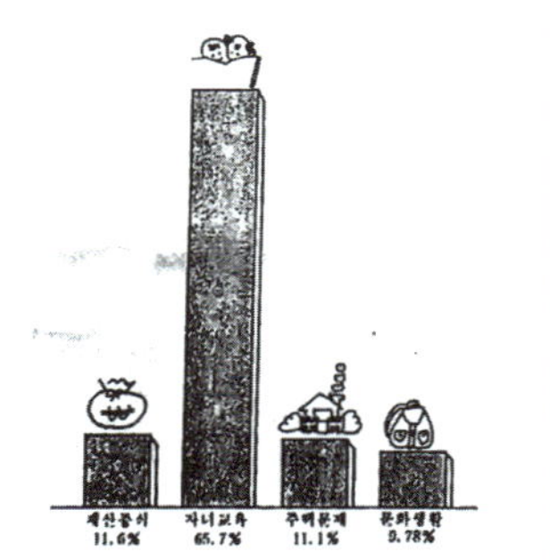

"젊은도시 노원구, 주부들의 생활의식 태도도 젊다"

1.8%, 30대에서는 41.8%, 40대에서는 52.4%를 차지하였는데, 연령대가 높을수록 영화를 잘 보지 않음을 볼 수 있다.

한달 평균 독서량에 대한 질문에서 "1권이하를 읽는다"는 응답자가 54.6%, "2권을 읽는다"가 29.6%로 대…

가 남편과 매일저녁 같이 식사하고 있다는 바람직한 현상을 보였다.

20대 주부중에서는 6-7회가 44.2%, 30대는 42.6%, 40대는 38.1%

▲ 스포츠 · 취미생활

취미생활, 서예를 가장 많이 원해

꽤 많은 주부들이 자신의 건강과

류를 갖고 있있고, 연령별로는 30대 주부 중에서 비교적 높은(35.2%) 스포츠 취미도를 보여 주었다.

주부들이 현재 하고 있는 스포츠로

…다.
그러나, "앞…
는 무엇인가"에…
영이 32.9%로…
다음이 테니스…
14.4%로 차지…
스키는 가기…

〈가족과 함께 외식하는 횟수〉(한달평균)

〈앞으로 하고 싶은 스포츠〉

1990년 4월 1일자 노원라이프저널

1부

구민 중심 도시, 노원

01

지키기 위해 강해진
노원의 환경 의식

자원회수시설(이하 소각장)은 노원의 지난 기록에서 매우 중요한 의미를 담고 있습니다.

지금의 노원구는 기후감수성이 높고 환경을 지키기 위한 운동이 활발한 지역으로 알려져 있습니다. 노원의 환경 의식은 우연히 형성된 것이 아닙니다. 소각장 건립을 둘러싼 갈등의 과정에서 주민들이 직접 학습하고 조직화하며 축적된 결과입니다.

1991년 소각장 건립 계획이 발표되기 이전까지 노원은 비교적 조용한 신흥 주거지였지만, 행정 주도의 일방적인 폐기물 정책과 주민 동의 없는 소각장 추진은 주민들에게 강한 문제의식을 불러일으켰습니다. 처음에는 '무엇이 문제인지 알아보기 위해' 모였던 주민들은 점차 폐기물 정책, 기후환경, 대기오염, 다이옥신 문제 등 전문적인 영역까지 학습하게 되었고, 이 과정에서 주민 간의 관계망은 더욱 촘촘해졌습니다. 환경 문제를 매개로 한 이러한 학습과 연대는 노원 지역 시민사회의 출발점이 되었습니다.

1980년대와 1990년대, 많은 나라들이 깨끗하고 푸른 국가를 지향하며 에너지 효율을 증대시키고 온실가스와 쓰레기를 줄이기 위해 노력할 때 서울시는 성상의 구분 없이 모든 쓰레기를 매립하는 정책을 펼치다가 갑자기 연탄재 등 일부 쓰레기를 제외한 모든 쓰레기를 소각하는 것으로 방침을 바꿉니다.

경제성장과 서울 인구 집중 현상으로 급격하게 늘어난 쓰레기를 처리하기 위해 1978년에 만들어진 난지도 매립장이 한계점에 이르자 대안 마련에 고심하던 서울시는 수도권매립지 조성과 함께 쓰레기를 소각하기로 결정합니다.

그리고 서울시의 쓰레기 발생량에 대한 빗나간 예측과 시민들의 동의 과정 없이 진행된 소각장 건립 사업 추진과 사업의 당위성을 확보하려는 뒤늦은 시도가 오히려 불신을 가중시키면서 쓰레기 정책의 전환을 요구하는 시민사회 그리고 소각장 건설 대상 지역인 상·중계동 주민과의 갈등이 야기됩니다.

이 과정에서 노원 주민들은 소각시설을 단순히 반대하는 것에 그치지 않고, 설명회와 토론회 개최, 정부 기관에 대한 집단

　　　　　　　　　　　　　　　　　　　　　　　　너는 왜 정치를 하니?

민원 제기, 시민연대 결성 등 제도적·사회적 방식으로 문제를 제기했습니다. 나아가 음식물 쓰레기 감량 운동, 분리배출 실천, 재활용 강화 등 일상 속 환경 실천으로까지 활동 영역을 확장하며 주민 주도의 환경 감시와 참여 활동으로 이어갔습니다.

이러한 경험은 노원을 '환경 갈등 지역'이 아니라 '환경 정책 전환을 촉발한 지역'으로 자리매김하게 했습니다. 소각 중심 정책의 한계를 드러내고 감량과 재활용 중심의 정책 전환 필요성을 사회적으로 환기시켰으며, 주민들은 폐기물 문제를 특정 시설의 문제가 아니라 도시 전체의 지속가능성과 연결된 구조적 문제로 인식하게 되었습니다.

노원의 환경단체 활동이 활발하고 환경 의식이 높은 이유는, 갈등을 통해 형성된 학습과 연대, 그리고 행정에 맡기지 않고 스스로 정책의 방향을 고민해 온 주민들의 경험에 있습니다. 소각장 문제를 둘러싼 지난한 과정은 노원 주민들에게 환경 문제를 '남의 일이 아닌 우리 삶의 문제'로 인식하게 만든 촉매였으며, 오늘날 노원이 어느 지역보다도 환경에 대한 실천 의지와 감시 역량이 높은 지역으로 평가받는 중요한 토대가 되었습니다

이러한 점에서 노원의 환경 의식과 시민사회 역량은 지방자치

단체가 환경 정책을 설계하고 추진하는 데 있어 중요한 자산이며, 향후 기후 위기 대응과 자원순환 정책에서도 적극적으로 활용해야 할 지역적 강점이라 할 수 있습니다.

또한 소각장에서 모아진 환경을 지켜내기 위한 열망은 '환경을 사랑하는 중랑천 사람들'로 이어졌습니다.

02

중랑천 사람들과 우원식 선배

2000년 어느 날 우원식 선배(지금은 국회의장님이셔서 예의에 벗어난 호칭일 수 있겠으나 그때는 그렇게 불렀고 오랫동안 익숙한 호칭이라 이 책에선 선배라 호칭합니다)에게서 전화가 왔습니다. 노원역으로 나오라고 합니다. 감기가 심하게 걸려 나갈 수 없다 하니 집으로 찾아왔습니다.

주공 4단지, 책들이 빼곡하여 공간도 별로 없는 조그만 방에 쪼그리고 앉아, 우원식 선배는 소각장을 통해 축적된 환경운동의 동력을 모아 노원구에 환경단체를 만들자고 제안했습니다.

우원식 선배는 환경운동연합 같은 성격의 지역 단체를 염두에 두고 있었으나, 대상을 축소하고 사업을 명확하게 하자는데 의견을 모았습니다.

'환경을 사랑하는 중랑천 사람들'의 시작입니다.

우원식 선배와 함께 찾은 중랑천

단체의 이름을 지은 후, 사무실을 얻고 뜻을 같이할 사람들을 모았습니다.

이후 사무국장을 맡아 2년 정도 중랑천을 중심으로 활동했습니다. 중랑천과 함께한 환경지킴이 활동은 제가 정치를 하는 내내 중요한 결정을 할 때마다 가치의 기준이 되었습니다.

돌이켜보면 '환경을 사랑하는 중랑천 사람들'뿐 아니라 '마을 숲 가꾸기 시민모임', 서울의 균형발전을 위한 '세목 교환 운동', '노원 복지 포럼'과 '노원 포럼', '북한 어린이 돕기 운동'까지… 정치를

시작하고 활동하는 많은 순간마다 우원식 선배가 함께하며 방향
을 잡아 주었습니다. 새삼스럽긴 하지만 감사의 마음을 전합니다.

책을 출간하려고 자료를 정리하다가 중랑천 사람들 활동을
하며 썼던 글들을 찾았습니다. 처음엔 회상하는 글로 풀어볼까
했는데 어쩌면 그때의 글들 그대로가 2000년도 중랑천의 모습을
보여주는 데 좀 더 생동감이 있다고 여겨져서 그냥 덧붙입니다.

2000년의 중랑천

중랑천의 주변 환경

한강으로 흐르는 서울의 하천 중 가장 큰 하천인 중랑천은 전형적인
도시하천이며, 대규모 취락지구로 조성된 아파트 단지가 중랑천 좌우
로 밀집해 있습니다. 중랑천의 근간을 이루는 도봉천, 우이천 등 13
개 지천들은 취락지구를 지나면서 대부분 복개된 상태에서 하수도
와 연결되어 실제적인 지천의 역할보다는 하수도로 오폐수를 이동하
는 기능을 가지고 있습니다. 그리고 대규모 아파트가 들어선 1987년
이후에는 집중호우에 의한 침수 재해가 매년 발생하는 곳입니다.

오염된 중랑천

주변 경관이 빼어나고 맑은 물이 흘러 풍류객들의 발목을 잡았다는 중랑천의 오염은 1960년대 중·후반 이 지역으로 철거민, 이재민의 집단 이주가 이루어지면서 시작되었습니다. 집단 이주와 함께 산업화의 물결을 타고 들어선 도금 공장, 염색 공장의 영향으로 1982년 생물학적 산소요구량인 BOD가 100ppm을 넘는 지경에 이르게 됩니다. 현재는 직접적인 오염원이었던 공장들이 이전하고, 의정부시 장암동에 하수종말처리장이 생기면서 그나마 일부 생명력을 회복하고 있습니다. 그러나 저수지 매립과 아파트 건설, 합류식 하수관, 갈수기 수량 부족 등에 의한 오니토 퇴적 등 또 다른 오염원의 발생으로 중랑천의 옛 명성을 찾기에는 한계가 있어 보입니다.

유일한 산란 지역

현재 한강에는 하류에 서식하는 물고기와 해마다 방류한 수십만 마리의 치어들로 인해 많은 물고기가 서식하고 있습니다. 하지만 잠실 수중보의 건설로 상류로 올라갈 수 있는 길이 차단되면서, 중랑천 지류는 한강에 서식하는 대부분의 물고기들이 산란할 수 있는 유일한 지역이 되었습니다.

2000년 물고기 떼죽음 일지

1차 사고(2000년 4월 21일)

중랑천 하류 살곶이 다리 부근(한양대학교 앞)에서 물고기 10만여 마리가 떠오르는 사고가 발생하였습니다. 이때 초기 강우는 9mm였으며, 중랑하수처리장에 유입된 14만 톤(시설용량 7만 톤) 중 7만 톤은 1차 침전지만 거친 후 중랑천에 방류되었습니다.

2차 사고(2000년 6월 9일)

중랑천 군자교 하류(낙차공 상류), 한강 본류로부터 5단계 낙차공을 올라온 산란기 잉어류 2,000여 마리가 폐사하는 사고가 발생하였습니다. 이때 중랑천 유역에는 폭우성 소나기가 약 20mm가 쏟아졌습니다.

3차 사고(2000년 6월 10일)

중랑교 하류(낙차공 상류)에서 산란기 잉어류 100여 마리가 폐사했고, 수면 위로 주둥이를 내민 500여 마리 잉어를 한강 본류로 이송하였습니다. 이때 내린 폭우성 소나기는 12mm였습니다.

원인 조사와 반복되는 사고

서울시에서 조사한 사고의 원인은 1, 2, 3차 사고 모두 같은 원인으로 초기 강우로 인해 도로나 하수도 등에 쌓여있던 오염물질이 중랑천으로 유입되고, 유기 퇴적물이 부상하여 부유물질이 증가하였으며, 유기물질의 분해로 인한 용존산소의 소비가 증대되어 수질이 일시적으로 나빠졌다고 밝혔습니다. 이렇게 수질이 갑자기 악화된 중랑천으로 한강 본류에 서식하는 어류들이 산란을 목적으로 이동하면서 호흡을 할 수 없게 되어 폐사한 것으로 보고하였습니다.

환경을 사랑하는 중랑천 사람들

그동안 쓰레기 소각장 건설과 관련한 시민운동과 수락산의 산허리가 잘려나가 도로가 되는 과정 등을 거친 탓에 노원구에는 환경에 관심 있는 사람들이 많습니다. 그중 몇몇이 모여 노원구의 환경 문제와 환경단체의 필요성에 대해 논의하기 시작했고, 환경 전반보다는 구체적이며 실현 가능한 대상에 힘을 모아 가자는데 의견을 같이했습니다. 그 대상을 중랑천으로 결정하는 데에는 지난해 있었던 세 번의 중랑천 물고기 떼죽음이 촉매 역할을 했습니다. 물고기의 죽음은 그 원인이 어디에 있던 중랑천만큼은 우리들 스스로 지켜내지 않으면 안 된다는 각오를 다지게 하는 계기가 되었습니다. 그리고 지난해 9월 '중랑천 사람들'을 결성하기 위한 구체적인 준비에 들어갔습니다. 그 후 수차례 중랑천 현장 조사와 대보름 쥐불놀이, 토론회 등이 있었지만 공식적으로 '중랑천 사람들'을 주민에게 알리고 함께 일을 시작한 것은 올해 4월 5일 중랑천에 갯버들을 심으면서부터입니다.

당시 활동했던 내용들은 생태하천 워크숍에 기고했던 글 "중랑청을 살리기 위한 꿈과 추억 만들기"에 담습니다.

중랑천 현장 조사

중랑천을 살리기 위한 꿈과 추억만들기

이 글은 2021년 8월 작성된 글입니다.

중랑천은 경기도 양주군 주내면 불국산에서 발원하여 의정부시와 양주군, 서울특별시의 노원구와 도봉구 등 10개 자치단체를 굽이쳐 흐릅니다. 유역면적 299.6km, 유로연장 34.8km로서 한강으로 흐르는 서울의 하천 중 가장 큰 하천인 중랑천은 전형적인 도시하천입니다.

대규모 아파트 단지가 중랑천 좌우로 밀집해 있고 중랑천의 수원인 당현천, 우이천 등 13개의 지천들은 대부분 복개 또는 반복개된 상태에서 하수도와 연결되어 있어 지천의 역할을 제대로 하지 못하고 있습니다. 또한 90년대 초반 동부간선도로가 개통된 이후에는 사람들의 이동로가 차단되어 시민들이 중랑천을 이용하기가 더욱 힘들어졌습니다. 타이어 마모에 의한 분진, 휘발유 등 각종 오염물질들이 비가 오면 중랑천으로 스며들어 초기 강우 시 물고기 떼죽음의 원인이 되기도 합니다.

한때는 주변 경관이 빼어나고 맑은 물이 흘러 풍류객들이 많이 찾았다는 중랑천의 오염은 1960년대 중·후반, 이 지역으로 철거민과 이재민의 집단 이주가 이루어지면서 시작됩니다. 집단 이주와 함께 산업화의 물결을 타고 들어선 도금 공장, 염색 공장 등의 폐수로 인해 80년대 초반, 생물학적 산소요구량인 BOD가 100ppm을 넘나드는 최악의 지경을 맞게 됩니다.

현재는 직접적인 오염원이었던 공장들이 이전하고 의정부시 장암동에 하수종말처리장이 생기면서 그나마 일부 생명이 살아나고 있습니다. 그러나 대단위 아파트 단지가 조성되며 발생한 생활폐수 처리의 미숙, 합류식 하수관, 저수조 매립, 갈수기 수량 부족 등에 의한 오니토 퇴적 등 또 다른 오염원의 발생으로 중랑천은 여전히 힘들게 흐르고 있습니다.

오늘 워크숍의 주제는 하천 교육입니다. 저희 모임은 오늘의 주제에 부합할 만한 구체적인 하천 교육 프로그램을 갖고 있지는 않습니다.

중랑천을 살리기 위한 시민모임인 '중랑천 사람들'이 정식으로 발족한 것은 올 4월 5일입니다. 아직 5개월이 채 되지 않은 탓도 있지만 교육보다는 중랑천과 가까워지기 위한 노력이 보다 절실했습니다.

중랑천을 살리는 일-우리들은 중랑천에서의 추억을 찾아내고, 꿈을 가꾸어 가는 일부터 시작하기로 했습니다.

중랑천을 살리려면 중랑천뿐 아니라 중랑천 주변 사람들을 먼저 이해해야 합니다.

중랑천 사람들의 주무대인 노원구의 예를 들면 그곳의 사람들은 노원구에 대해 큰 애정을 갖고 있지 않습니다. 대부분, 아파트 단지가 조성되며 외부에서 이주해 온 사람들입니다. 또한 많은 사람들은 경제 여건만 좋아지면 또다시 다른 주거지를 찾아 이주하려고 합니다. 이는 가슴을 부딪히며 살아온 그곳에서의 추억이나, 자신의 후손들에게 그 땅을 물려주겠다는 꿈이, 노원구 사람들에게 없음을 의미합니다. 당연히 이들에게 중랑천 살리기는 관심의 대상일 수 없습니다.

더욱이 앞서도 언급하였듯이 90년대 초반 동부간선도로가 개통된 이후에는 진입로마저 거의 없어 주민들이 중랑천 가까이 가는 것조차 불편해졌습니다. 몸이 멀어지면 마음도 멀어진다고 중랑천은 서서히 사람들 마음에서 멀어졌습니다. 도시의 한복판을 가로지르는 하천이 그곳 주민들의 관심에서 멀어져 있다면 그 하천의 미래는 없습니다.

우리는 어떻게든 사람들을 중랑천으로 불러내야 했습니다.

더러워진 하천의 모습도 보고, 냄새도 맡고, 추억도 쌓아가며 중랑천과 사람들이 하나가 되었을 때 중랑천은 되살아날 수 있다고 믿었습니다. 중랑천으로 사람들을 불러내려면 함께하는 행사가 재미있고 흥겹고, 지난 다음에 무언가 머리에 남아 있어야 합니다. 추억입니다.

우리는 주민들과 함께 어우러지며 '쥐불놀이'와 '버들피리 불기'를 하며 '중랑천에서 추억만들기'를 했습니다. '쥐불놀이'를 할 때는 만일의 사태에 대비해 경찰서와 소방서에 협조를 구하고 구급차를 대기 시켰습니다. 어린이는 보호자를 동반하도록 했습니다. 안전도 안전이지만 추억은 부모와 자녀가 함께 만들어야 합니다. 쥐불놀이할 볏짚을 말아 놓고 깡통도 100개를 준비했습니다. 쥐불놀이는 정월 14일과 15일 대보름 밤에 농가에서 행하는 풍속 중의 하나입니다. 들에 나가 여름에 무성하게 자란 논둑, 밭둑의 잡초를 태워 해충의 알도 죽이고, 재는 거름이 되도록 하는 고유의 민속놀이입니다.

우리 조상들은 쥐불놀이를 하면 무병하고 액을 멀리할 수 있다고 믿었습니다. 하지만 지금은 도시화와 서구화된 놀이문화의 영향으로 점점 잊혀지고 있습니다. 그러나 그날만큼은 민속놀이도 살리고 중랑천도 살리고, 추억도 만들 수 있었습니다. 쥐불놀이에 이어 '달집태우기', '불넘기' 등의 행사를 했는데 보호자로 따라온 어른들이 더 즐겁게 논 하루였습니다. 그래도 생전 처음 해 본 쥐불놀이, 깡통 돌리기가 중랑천변 보름달과 함께 아이들 가슴 속에 깊이 자리 잡았을 겁니다.

'버들피리불기'는 지난 4월 5일 식목 행사와 함께 치러졌습니다.

이날 중랑천에 1,000여 명의 시민들이 모였는데 노원구에서는 가장 많은 주민들이 스스로 중랑천을 찾은 날이었습니다. 갯버들도 심고, 갯버들을 꺾어 버들피리도 만들어 불었습니다.

먼 기억 속에 어렴풋하게만 남아 있던 버들피리였지만 어느새 중랑천과 사람들과 버들피리는 하나가 되어 있었습니다.

그리고 이날 행사를 통해 얻은 것 중 가장 큰 것은 주민들 스스로 느끼고, 스스로 움직일 수 있다는 가능성이었습니다. 나무를 심기 위해 중랑천을 찾았던 노원성당 나눔 봉사회 사람들은 하천 주변에 어지럽게 널려 있는 쓰레기를 보고 6월 초 따로 날을 정해 50여 명이 모여 중랑천의 쓰레기를 주웠습니다. 오는 9월 9일에는 노원구 관내의 모든 성당이 함께 참여하여 노원구에 걸쳐 있는 중랑천 전 구간의 인간띠잇기 대청소를 할 예정입니다. 이런 움직임이야말로 강요나 동원에 의한 것이 아닌, 주민 스스로 중랑천에 나와 보고, 느끼고, 살려야 한다는 마음이 점점 커져 이루어낸 시민운동의 효과라고 생각합니다.

이와는 조금 다른 측면에서, 교육적인 학습효과만 볼 때 그 효과가 가장 컸던 일대 사건이 있었습니다.

작년 4월과 6월에 걸쳐 그리고 올해도 반복된 물고기의 떼죽음이 그것입니다. 현재 한강에는 하류에 서식하는 물고기와 해마다 방류한 수십만 마리의 치어들로 인해 많은 물고기들이 살고 있습니다. 하지만 잠실 수중보의 건설로 상류로 올라갈 수 있는 길이 차단되면서 중랑천은 한강에 사는 대부분 물고기들이 산란할 수 있는 유일한 지역이 되었습니다. 그러나 변화하는 상황에 적절히 대처하지 못한 탓에 유기 퇴적물에 의한 용존산소의 소비 증대와 초기 강우에 의한 지천 및 동부간선도로의 누적된 오염물질 일시 유입 등으로 10만여 마리의 물고기가 한꺼번에 수면 위로 떠 올랐고 이는 많은 사람들을 경악스럽게 했습니다.

몇 년 전, 중랑천 주변의 8개 자치단체는 중랑천을 살리자며 연합체를 구성했습니다. 그러나 단체장들은 자신의 임기 내에 어떤 성과물이 나와주길 기대했고 그 결과 중랑천에 화려한 꽃길과 자전거도로, 체육시설들이 들어섰지만 건강한 하천을 만들기 위한 노력은 찾아볼 수 없었습니다.

이러한 잘못된 변화는 예산의 중복투자뿐 아니라 하천과 사람들을 위한 일이 아니라는 사실 때문에 우리를 더욱 우울하게 만듭니다. 물고기의 떼죽음은 형식적인, 그리고 보여주기 위한 중랑천의 변화가 얼마나 어리석은 선택이였는지를 단적으로 보여주었습니다. 이 사건은 중랑천을 다시 생각하게 하는 그리고 사람들로 하여금 다시 중랑천에 관심을 갖게 하는 커다란 교육효과를 남겼습니다.

　'중랑천 사람들' 또한 물고기의 죽음을 슬퍼하는 마음에서 시작되었습니다. 중랑천 사람들은 앞으로도 시민들이 중랑천에 애정과 관심을 갖도록 하고, 중랑천이 잊혀진 하천이 되지 않도록 사람들을 중랑천으로 불러내고, 추억을 만들고 꿈을 가꾸기 위한 중랑천 놀이마당, 옛 중랑천 모형 만들기 등의 프로그램을 계속 해 나갈 것입니다. 그리고 가능하다면 아파트 단지 안에 작은 물길이라도 만들어 물의 소중함을 함께 나누려고 합니다.

　앞으로 10년 후엔 우리들 생활 속에 거듭난, 도시하천 중랑천을 여러분께 보여드리고 싶습니다.

중랑천에서 추억만들기

03

복개 위기 벗어나
다시 태어난 당현천

하천은 산과 강을 잇는 생명선
복개된 당현천의 미래는 없다

현재 서울에는 중랑천, 당현천 등 36개의 하천이 흐르고 있다. 그중에서 24개의 하천은 청계천의 화려한 부활(?)에도 아랑곳 없이 여전히 일부 또는 전면 복개된 상태로 방치되어 있으며 그 길이가 70km에 이른다.

당현천도 예외는 아니어서 유로연장 5.8km 중 50%에 이르는 2.5km가 완전 복개, 1km가 반 복개 되었고 2.3km만이 당현천 이 하천임을 보여주고 있다.

하천 복개의 시대적 배경

　예로부터 하천은 언제나 우리 생활의 중심에 있었다. 더러는 동네 아낙들이 모여 수다 떨며 스트레스 푸는 빨래터가 되기도 하고, 더러는 동네 꼬마 녀석들이 고기 잡고, 먹감고 겨울이면 썰매 타던 천혜의 놀이공원이기도 했다. 또 해질녘이면 이수일과 심순애가 산보하던 만남과 휴식의 장소였다.

　하지만 1960년대 들어서며 무분별한 산업화와 도시 집중화로 하천은 오염되기 시작했고, 산업폐수가 흐르고 쓰레기가 쌓여가는 하천은 더 이상 아름다운 동반자가 아니었다.

　그리고 차량의 증가로 인한 교통난과 주차장 확충 욕구가 커지는 70년대에 이르러, 집값을 떨어뜨리는 애물단지가 된 하천을 감추고 싶었던 주민들과 보상비 등의 예산을 절감하며 주민들과의 갈등 없이 손쉽게 도로를 내고 주차장을 마련할 수 있다는 정부의 이해관계가 맞물려 하천 복개는 지역마다 숙원사업처럼 되었다.

　하지만 가장 손쉬운 방법이라고 생각했던 하천 복개가 가장 어리석은 방법이었다는 것을 아는 데는 그리 오래 걸리지 않았다.

하천 복개 후에 발생한 문제들

　복개된 하천은 빛과 산소의 공급을 제대로 받지 못해 녹색식

물들이 살지 못하게 되고 이로 인해 생태계의 유지는 불가능해졌
으며 하천이 가져야 하는 최소한의 수질정화 자정능력마저 상실
하게 되었다.

하천 복개는 곧 하수구로의 전락을 의미한다. 눈에 보이지 않
는 하천에 사람들은 더 이상 관심을 두지 않았고 양심 불량한 사
람들에 의해 버려진 쓰레기와 복개 하천을 이용한 폐수 등의 무
단 방류로 하천은 점점 더 몸살을 앓게 되었다.

복개 초기에는 복개로 인한 도로와 주차장이 지역경제 활성
화에 도움이 되는 듯하였으나 늘어난 유동차량으로 지역 주민들
은 소음과 매연에 시달려야 했으며 수변 문화의 단절은 지역공동
체 의식의 단절로 이어져 지역경제 활성화의 장애요인이 되기도
하였다.

도시열을 품고 흐르는 바람길인 하천은 열섬현상을 막아주는
완충지로서의 역할을 하지만 복개된 하천은 오히려 도시열 상승
을 부추겨 열섬현상의 원인이 되고 있다. 실제 한여름 아스팔트
의 온도는 80C°에 이르며 이로 인해 상승한 온도는 냉방 기구의
과다 사용으로 이어지고 냉방 기구의 사용은 열섬현상을 더욱
심화시키는 악순환을 만들고 있다.

하천의 경제가치에 대한 새로운 패러다임

독일, 스위스, 일본 등의 예를 들지 않아도 복개된 부분을 들

어내고 생태하천으로 복원하는 사업은 이미 국내 몇몇 하천의 사례를 통해 보편타당한 사업으로 인식되고 있다.

국내 최초의 복개 하천 복원 사례이며 청계천의 모델인 제주 산지천의 경우나 일부 구간 복원 후 대대적인 복원 계획을 갖고 있는 성북천의 경우에서도 볼 수 있듯이 자연 친화적 공간, 삶의 휴식 공간으로 복원된 하천은 그 자체만으로도 엄청난 경제효과를 지니고 있다.

웰빙 시대에 쾌적한 생태하천을 갖고 싶다는 열망의 목소리는 더 이상 배부른 투정이 아니다. 하천 복원은 이제 지역발전을 위한 전제조건이며 삶의 질 향상을 위한 필요충분조건이다.

과거 6, 70년 대의 오염된 하천이 감추고 싶은 애물단지였다면 최근 복원된 시민들의 휴식 공간인 생태하천 주변은 금싸라기 땅이 되었다.

최근에는 양재천, 성내천, 청계천 등 생태하천으로 이미 조성된 곳뿐 아니라, 성북천, 정릉천, 홍제천 등 복개 부분을 들어내고 생태하천으로의 복원 계획을 갖고 있는 하천 주변의 아파트값도 급상승하고 있다는 보도가 나오고 있다.

당현천 정비사업은 복개 부분 철거가 전제되어야 한다

하천 복개의 문제는 하천에만 국한되지 않는다. 하천은 상류와 하류, 도심과 외곽 그리고 산과 강을 잇는 생태 라인을 형성하고 있다. 그러므로 당현천이 살아야 중랑천과 한강이 살고 불암산과 수락산이 살아난다.

하천은 단절되어 존재할 수 없다. 복개된 상류는 방치한 채 나머지 구간만 인위적으로 물이 흐르게 하고, 나무를 심어 보기 좋게 잘 가꾸어보겠다는 발상은 근시안적이며 소아병적일 수밖에 없다.

서울시는 청계천에 이어 당현천을 포함한 17개 하천에 대한 정비계획을 갖고 있다. 하지만 철거 비용과 도로 유실에 따른 교통체증을 이유로 복개 부분을 제외하고 사업을 추진하겠다는 서울시의 계획이 우려된다.

현재 당현천의 복개 구간은 상계역사와 당고개역사를 제외하면 대부분 주차장과 도로로 활용되고 있다. 하지만 복개 구간이 위치한 상계 3, 4동 지역은 남양주의 대단위 아파트 단지 조성과 서울외곽순환도로의 건설로 인해 심각한 교통난이 예상되는 지역이며 뉴타운 개발과 함께 대대적인 교통 대책이 강구되어야 하는 지역이다. 그리고 그 틀 안에서 도로는 도로로서의 기능을, 하천은 하천으로서의 고유 기능을 되찾아야 한다. 그것만이 상계 3, 4동 주민들과 노원구민을 위한 미래지향적인, 지속 가능한 개발이 될 수 있을 것이다.

복지 패러다임을 바꾼
'찾동'과 마을

"12층에 이사 왔어요.

힘세고 멋진 아빠랑 예쁜 엄마와

착하고 깜찍한 준희,

귀여운 여동생 지민,

저희는 16일에 이사왔어요.

새해 복 많이 받으세요.

1206호 사는 준희 올림."

청주의 어느 아파트에서 있었던 일입니다.

어느 날, 아파트 엘리베이터 안에 손 글씨 벽보 하나가 붙었습니다. 그리고 벽보 위로 "반가워요", "환영합니다"라는 이웃들의

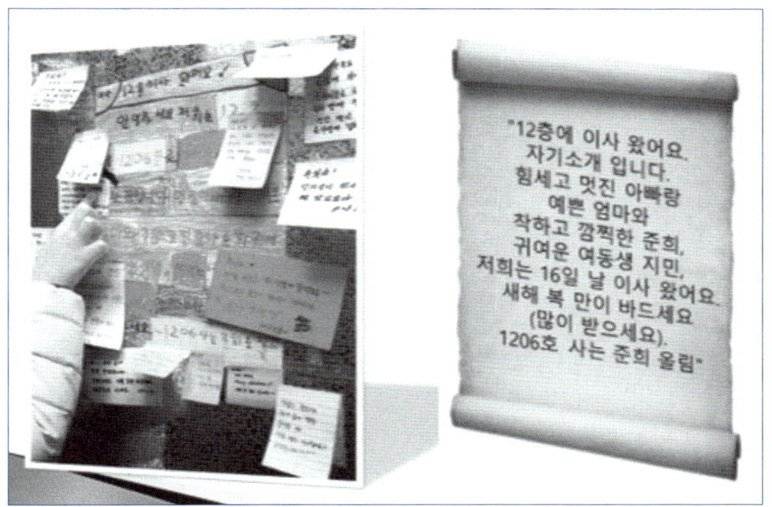

청주의 한 아파트로 이사 온 7살 준희의 벽보

답글이 하나둘 이어졌습니다. 작은 메모를 계기로 주민들은 서로 얼굴을 알고, 말을 트고, 안부를 나누기 시작했습니다. 닫혀있던 공동주택의 공간은 어느새 정겨운 사랑방으로 바뀌었고, '이웃'이 되었습니다.

시간이 많이 지났지만, 일곱 살 준희의 인사에서 시작된 이 변화는 지금도 마을활동가들 사이에서 교과서처럼 회자되고 있습니다.

2014년, 송파 세 모녀의 비극적인 사건 이후 기초생활보장법도 개정되었고, 복지 체계도 강화되었습니다. 관련 예산도 크게 확대되었지만, 복지의 사각지대는 여전히 해소되지 않았습니다.

서울시는 '촘촘한 안전망'을 목표로 이른바 찾동 사업(찾아가는 복지서비스)을 시작합니다. 그리고 노원에서 첫 시범 사업을 했습니다.

하지만 야심 찬 출발과 달리 초기의 찾동은 기대만큼의 성과를 내지 못했습니다. 위기 가구를 찾아가도 문이 열리지 않았고, 도움이 필요해도 손을 내밀지 않는 현실 앞에서 제도의 한계가 드러났습니다. 복지는 행정만으로 완성되지 않으며, 마을의 관계망이 전제되어야 한다는 점을 알았습니다.

찾동의 복지사업에는 마을사업이 함께 결합되었습니다. 주민들이 스스로 마을의 문제를 논의하고, 계획하고, 실행하는 '마을계획단'이 운영되었고, 이는 훗날 주민자치회의 선행 모델이 되었습니다.

행정이 설계한 복지가 아니라, 주민이 함께 만들어 가는 복지가 시작된 것입니다.

'마을 동洞'이라는 글자는 물 수 변(氵)에 함께할 동(同)이 더해진 한자입니다. 옛사람들은 마을을 '한 우물을 중심으로 함께 살아가는 사람들'로 이해했습니다. 결국 마을이란 공간이 아니라 관계의 이름이었습니다.

찾동

찾동은 복지와 마을이 결합한 사업입니다.

사람을 중심에 두고, 관계를 통해 위기를 발견하고, 공동체 안에서 회복을 돕는 새로운 복지 패러다임입니다.

찾동은 서울시에서 시작된 복지모델이지만, 이제는 자치구가 더 큰 책임을 가지고 강화해야 할 사업입니다. 생활의 현장에 가장 가까운 행정, 주민의 삶을 가장 잘 아는 지방정부가 복지와 마을을 잇는 이 복지체계를 더욱 촘촘하게 다듬고 확장해 나가야 합니다.

복지는 제도만으로 완성되지 않습니다.

복지는 사람이고, 사람을 잇는 힘은 결국 마을에 있습니다.

복지협의회

노원에서 활짝 핀
'어르신 휴休 센터'

2021년 9월쯤으로 기억됩니다. 노원의료사회적협동조합 이사님 두 분을 만났습니다. 의료사회적협동조합이 서울시 지원으로 추진하던 로컬랩 '동네발전소' 사업이 일몰제로 중단될 위기에 놓였다며, 그간의 성과와 향후 계획을 담은 「서로 돌봄 마을 추진계획서」를 가지고 찾아왔습니다. 의료협동조합은 이미 '어르신 휴 센터' 사업을 시작하기 전에 2019년부터 서울시 마을공동체 공모사업을 통해 주민이 주체가 되어 서로 돌보는 건강마을을 실험해 왔고, 이 과정에서 지역 돌봄의 가능성을 현장에서 입증하고 있었습니다.

'동네발전소'는 행정이 설계한 서비스를 주민에게 제공하는 방

어르신 휴(休) 센터

식이 아니라, 동네 주민들이 직접 팀을 이루어 지역의 문제를 발견하고 해결하도록 지원하는 플랫폼형 사업입니다. 그러나 오세훈 시장이 취임한 이후 서울시 마을공동체 정책 전반이 축소·중단되는 흐름 속에서, 이 사업 역시 존폐의 기로에 서게 됩니다. 당시 서울시의회 예산결산특별위원장을 맡고 있었지만, 이는 단순한 예산의 문제가 아니라 정책 기조 전환에 따른 구조적 한계라는 점에서 해결이 쉽지 않은 상황이었습니다.

이 과정에서 한 가지 분명한 문제의식이 자리 잡았습니다. 수년간 현장에서 쌓아 올린 마을과 복지 관련 사업들이 행정 환경 변화에 따라 한순간에 흔들려서는 안 된다는 것이었습니다. 특히 주민의 일상과 맞닿아 있는 돌봄과 복지 영역은 광역단위 정책보다 생활 현장을 가장 잘 아는 자치구가 책임지고 지속해야 한다는 판단에 이르렀습니다. 그래서 서울시 사업의 연장을 요청하기보다, 노원구 자체 사업으로의 전환을 의료협동조합에 제안했습니다.

이 제안은 다행히 노원구청의 적극적인 의지와 결합되었고, 오승록 구청장의 지원 아래 '어르신 휴 센터'라는 노원구 대표 복지정책으로 자리 잡게 됩니다. 어르신 휴 센터는 기존의 경로당 중심 복지에서 한 걸음 더 나아가, 어르신들이 스스로 참여하고 관계를 만들어 가는 생활밀착형 공간으로 설계되었습니다. 현재 노원구에는 3곳의 '어르신 휴 센터'가 운영되고 있으며, 83개 소모임에 누적 1만 9천 명 이상의 어르신이 참여하고 있습니다. 이 곳에서 어르신들은 함께 걷고, 책을 읽고, 춤을 추고, 요리를 하며 일상속에서 자연스럽게 관계를 회복하고 삶의 활력을 되찾고 있습니다.

'어르신 휴 센터'는 단순한 여가 프로그램이나 공간 조성 사업이 아닙니다. 고립과 우울, 신체 기능 저하라는 노년기의 복합적 문제를 관계와 참여라는 방식으로 풀어낸, 노원구형 예방적 복지 모델입니다. 무엇보다 이 사례는 복지체계를 강화하는 일이 현장 중심의 자치구 역할 강화와 맞닿아 있음을 분명히 보여줍니다. 중앙이나 광역의 일률적 정책이 아닌, 지역의 특성과 주민의 삶을 이해하는 자치구가 주도할 때 복지는 비로소 지속 가능해집니다.

노원구 '어르신 휴 센터'는 '복지는 현장에 답이 있다'는 사실을 증명한 사례이며, 앞으로 자치구가 어떤 방향으로 복지정책을 설계하고 책임져야 하는지를 보여주는 중요한 이정표라 할 수 있습니다.

재테크 NO.1 (노원)
태양광발전소

시대가 바뀌면 인식이 변하고 인식이 변하면 가치도 바뀝니다.

2012년 태양광발전소 1호기(30kW. 구청 주차장 설치)를 준비하며 운영위원장으로 활동할 때 주로 거론되었던 단어는 '기후변화', '온실가스', '저탄소' 등이었습니다. 조합원들은 모두 지구를 지키는 독수리 5형제가 된 듯 투철한 사명감에 고무되어 있었습니다.

하지만 2017년 2호기를 준비할 때의 분위기는 사뭇 달랐습니다. 이미 햇빛은 생활 속에 깊이 들어와 가성비 높은 에너지로 자리 잡았고 태양광발전은 경제 가치와 수익률 높은 투자 대상이 되었습니다. 불과 4년여 만에 참 많은 것들이 바뀌었습니다.

미래학자 토니세바는 2030년엔 모든 디젤자동차의 생산은 중단되고 석탄 연료 산업은 급속하게 붕괴될 것이라고 공언했습니다. 그리고 그 자리를 대신하게 될 햇빛과 바람 등 차세대 에너지로의 전환은 오로지 경제적인 이유 때문이라고 했습니다.

실제 태양광발전 시설의 성능 개발이나 가격 하락은 빠른 속도로 진행되고 있고 현재의 추세만으로도 토니세바가 예견한 2030년은 어쩌면 너무 여유 있는 설정 아니냐는 생각이 듭니다.

우리나라에 연탄공장이 처음 세워진 건 해방 후인 1947년이었고 석유는 1970년에 와서야 대중화되었습니다. 그리고 가스레인지는 1980년대 중반부터 국내 생산이 가능했습니다. 돌이켜보면 생활 속에 사용되는 에너지들의 역사도 그리 길지 않았습니다. 그리고 에너지원이 바뀔 때마다 기존 방식을 고수하려는 사람들과 변화를 빠르게 받아들이려는 사람들 간에 상당한 부침이 있었습니다. 호롱불을 전기로 바꿀 때도 그랬고 아궁이에 가스레인지를 얹을 때도 그랬습니다.

하지만 미래는 언제나 선점하는 자의 것이었고 그로 인한 부와 가치도 그들의 몫이었습니다.

변화에 대처하지 못해 몰락한 대표적인 예로 자주 거론되는 건 '코닥의 파산'입니다.

코닥은 1880년 창업 이후 130년 동안 필름 카메라의 세계 표

햇빛협동조합

준이었고 사진 업계의 황제로 군림했습니다. 하지만 디지털로의 변화에 적극적으로 대처하지 못했고, 아이폰과 안드로이드 운영 체계가 대중화된 2007년 이후 대책 없이 무너지더니 경영난을 극복하지 못하고 파산했습니다. 그 어마어마한 기업이 몰락하는 데 걸린 시간은 채 5년이 되지 않았습니다.

코닥이 디지털카메라를 세계 최초로 개발(1975년)하고도 필름 판매에 지장을 초래할 것을 우려하여 대중화하지 않았다니 세상 은 참 아이러니한 일입니다.

겪고 난 후에는 알게 됩니다. 필름은 디지털의 경쟁이 되지 못했습니다. 편리함이나 다양성 그리고 경제적인 면에서도 그렇습니다.

이제 석탄 연료는 햇빛에너지의 경쟁상대가 아닙니다. 온실가스 감축 운동 차원이 아니라 경제 가치와 생산성에 있어서 그렇습니다.

노원의 또 다른 태양광발전협동조합은 정보도서관과 청원고등학교에 태양광 패널을 설치하고 5년 이상 20% 이상 배당을 하여 조합원들은 이미 출자금을 회수했습니다.

하지만 노원의 사례와는 다르게 서울의 재생에너지 자립률은 여전히 1%에 머물러 있습니다.

오세훈 시장은 2021년 보궐선거로 당선된 이후 미니태양광 사업은 일몰 사업으로 정리하고, 태양광 발전 사업의 보조금 지원제도도 종료했습니다. 이유야 어찌 되었든 시대에 역행하는 결정에 안타까움이 있습니다.

이로 인해 서울시가 주도할 수 있는 생활형·공공형 재생에너지 사업의 기반은 오히려 약화 되었습니다. 이는 단순한 에너지 정책의 후퇴가 아니라, 지방정부의 재정 자립과 지역경제 순환 구조를 스스로 포기한 결정으로도 볼 수 있습니다.

이제 태양광은 환경운동의 상징이 아니라, 지방자치단체가 선택해야 할 미래 산업이자 재정 전략입니다. 공공건물, 학교, 도서관, 주차장 등 유휴 공간을 활용한 태양광은 에너지 비용 절감과 함께 안정적인 수익을 지역에 환원할 수 있으며, 협동조합과 결합할 경우 주민 참여와 소득 분배까지 동시에 달성할 수 있습니다.

노원에서의 태양광 발전 사업의 성공은 재생에너지 분야 또한 지방정부가 주도할 수 있는 가장 현실적인 에너지 전환 정책이라는 것을 실증적으로 보여줍니다.

서울시의 종속 변수, 노원

THE NATIONAL ASSEMBLY OF THE REPUBLIC OF KOREA
국회
대한민국국회
민주당 서울시당 총선기획단 출범·1호 공약

01

자랑 좀 합니다

서울시의원 111명 가운데 유일하게 4년 연속 행정사무감사 우수의원으로 선정되어 '시민 중심 책임 의정상'을 수상했습니다.

이 상은 경실련, 서울 환경 연합, 함께하는 시민행동, 문화연대 등이 참여하는 서울 WATCH와 서울 풀뿌리 시민사회 네트워크가 공동으로 구성한 시민 의정 감시단이 직접 평가해 수여하는 상으로, 그 의미가 남다릅니다.

시민 의정 감시단은 공개 모집을 통해 선발된 시민 150명으로 구성되었으며, 행정사무감사 기간을 포함해 약 두 달간 서울시의원들의 의정활동을 직접 모니터링했습니다. 평가 기준 또한 주민 대표성, 합법성, 전문성, 효율성 등 네 가지 핵심 지표로 매우 엄

격합니다. 이러한 과정을 거쳐 매년 10여 명 내외의 우수의원만이 선정되며, 3회 이상 수상한 의원도 단 3명에 불과합니다. 그만큼 이 상은 형식적인 평가가 아닌, 시민의 눈으로 철저히 검증된 결과라 할 수 있습니다.

그동안 의정 대상과 사회복지 대상 등 여러 상을 받았지만, 이번 수상이 더욱 뜻깊게 다가오는 이유는 시민이 직접 의정활동을 지켜보고 분석해 평가한 결과이기 때문입니다. 보여주기식 성과가 아니라, 행정의 문제를 얼마나 집요하게 짚고 개선을 요구했는지가 평가의 핵심이었기에 이 상은 더욱 무겁고 자랑스럽습니다.

행정사무감사는 행정의 투명성과 효율성을 높이며, 궁극적으로는 주민의 권익을 보호하기 위해 존재하는, 지방자치의 가장 핵심적인 제도입니다. 단순한 절차나 의례적인 행사가 아니라, 세금이 현장에서 제대로 쓰이고 있는지, 정책이 주민의 삶에 실질적인 도움이 되고 있는지를 점검하고 잘못된 행정을 바로잡는 과정입니다. 예산심의권과 함께 행정사무감사는 지방의회가 가진 가장 강력한 견제 수단이자, 지방자치의 근간이라 할 수 있습니다.

"행정사무감사의 본래 취지를 잊지 않고, 형식이 아닌 내용으

서울시의회 행정사무감사 모니터링 시민의정감시단

로, 관행이 아닌 문제로, 타협이 아닌 책임으로 활동했다"는 시민
의정감시단의 과분한 평가에 감사드리며, 4년 연속 우수의원이라
는 결과에 안주하지 않고 앞으로도 시민의 눈높이에서 묻고, 끝
까지 확인하며, 행정이 주민을 위해 제대로 작동하도록 만드는
책임 있는 정치활동을 이어가겠습니다.

의정감시단의
행정사무감사 평가서

날짜	송재혁 의원	도시계획균형위원회
11월 4일	• 피감기관의 문제를 정확히 지적 • 피감기관의 개선 약속	
	• 노후도시 특별법 관련 서울시 상황 타도시 사례 비교를 통해 지적하고 발전방향에 대해서 제안함 • 추가 질의: 질의가 아니라 사업 진행에 대한 지적	
	• 지역 균형에 대한 큰 컨셉에 맞게 질문을 하였음 • 현안도 잘 이해하고 있음	
	• 노원 지역 상업시설 감소, 축소되고 있다. 서울시의 균형있는 강북 발전 계획은?	
11월 7일	• 청년 정책에 대한 이해도가 높음. 특히 서울시에 기조와 노동 감수성을 기본으로 한 질의로 시민의 입장에서 크게 공감됨 • 청년인턴사업 진행 시 재학생, 휴학생에게 서울 생활 임금을 적용하지 않는 부분을 문제 제기한 점을 매우 높게 평가함. 모든 노동자가 (노동을 하는 행위) 역량에 따라 차등 지급 받는 것이 아닌, 사람으로서의 보장 받아야 할 권리를 한 번 더 짚어줌. 특히 상반기 계획에 생활임금 적용이라고 되어 있었으나, 집행시 최저임금으로 변동한 점을 질의하면서 당초 계획과 과정, 결과를 전반적으로 세심하게 바라본다는 점이 느껴짐	

날짜	송재혁 의원	도시계획균형위원회
11월 7일	• 업무 처리 과정을 면밀히 검토함. 질의 내용이 시정 활동에 알맞음	
	• 질문하고 경청하는 태도가 좋았음 • 다만, 제한된 시간에 비해 본인이 설명하는 시간이 많아서 아쉬웠음	
11월 8일	• 주민 대표성이 매우 높음. 축제가 필요하고 진행될 수 있으나, 그 이후 시민들이 겪는 피해 환경적인 요소를 고려하고 있는지 질의함. 또한 해외 사례를 들어 대응하지 못하여 해임된 건도 있어 민간성을 가지길 시에 촉구함. 디자인 위원회에 시민 위원이 가능하다고 되어있지만, 현재 시민이 참여한 사례가 있는지 질문함. 시에서 길을 열어줄 수 있도록 하고, 심의 과정에서 익명으로 작품을 제출할 수 있는지 검토를 요청함	
	• 사업 내용에 대해서 이야기하고, 이해한 부분을 이야기 함. 뚜렷한 질의나 제안이 없는 내용이 많음 • 미술 작품 심사위원회에 시민위원 진입에 대한 지적과 제안	
11월 11일	• 국회의원 왜 안하세요? • 감사의 본질을 가장 잘 알고 계시는 의원님으로 사료됩니다.	
	• 다양한 분야의 감사를 하였고, 시민위원&시민들의 적극적인 참여를 유도하고 기타 시정을 요청하는 중요한 감사였습니다.	
	• 사안에 대해서 잘 파악하고 있음. 기관 운영에 대한 적절한 비판	
	• 새활용, 제로웨이트에 대한 내용은 왜 언급한 것인가에 대한 의문 반 이상은 본인이 답함 • 새활용프라자 직원 임용의 방향성에 대해서 지적한 부분은 적절했음	
11월 12일	• 오세훈 시장님의 실질적인 역할을 부탁(해외공보일정에)	
	• 서울시 내부의 사업 추진의지 확인과 사업 방향에 대한 효율성 증대 지적이 돋보입니다.	
	• ODA사업의 실질적 역할의 중요성을 부각시키고, 시장의 해외 순방 목적이 사업성과 결부되지 않음. 서울 챌린지의 목표가 무엇인가?	
11월 13일	• 피감기관의 내부 사정을 잘 알고 있고, 바른 지적을 하고 있습니다.	
	• 예산집행과 실행 사이에 내용을 지적하여 세부적인 지적 유의미	
	• 주민 대표성/전문성이 보여짐	

02

소수 민주당의 원내대표가
할 수 있는 일

서울시의회 제11대 의회는 출범 당시부터 구조적으로 매우 불균형한 구성이었습니다. 국민의힘 76명, 민주당 36명이라는 숫자는 단순한 의석 차이를 넘어, 민주당이 잘못된 정책과 반민주적 폭주를 제도적으로 견제할 수 있는 최소한의 의회 정족수조차 갖추지 못한 현실을 의미합니다. 그러나 이러한 사실은 시민들께 충분히 알려지지 않았고, 소수당이 감당해야 했던 정치적, 제도적 한계는 고스란히 책임을 다하지 못하는 무능력한 모습으로 비추어지기도 했습니다.

절대적 소수당인 민주당의 원내대표로 보낸 2년은 '규탄', '반대', '유감', '촉구'라는 단어로 점철된 시간이었습니다. 수적 열세

서울시의회 민주당 원내대표 활동

를 이유로 "어차피 아무것도 할 수 없다"는 냉소적인 시선을 감내하면서 다수당의 일방적인 시정 운영에 맞서 끊임없이 문제를 제기하고, 거칠게 부딪히며 저항해야 했습니다. 비록 결과적으로 반민주적 폭거로 인해 여러 조례가 폐지되는 것을 막아내지는 못했지만, 그 과정에서의 반대와 지적은 기록으로 남아 이후 다시 시정을 바로 세우는 근거가 될 것이라는 믿음으로 버텼습니다.

절대적 소수당의 한계로 인해 스스로는 아무것도 할 수 없는 제한된 조건 속에서도 민주당은 시민의 존엄과 권리를 지키는 최전선에 있었습니다. 이태원 참사 이후 분향소를 지키기 위해 당이 하나로 뭉쳤고, 학생인권조례와 마을공동체 지원 조례 폐지에 맞서 끝까지 문제를 제기했습니다. 개발 논리만 앞세운 한강그레이트사업에 대해서도 무책임한 환경파괴라는 우려를 표하며 저지를 위해 노력했고, '약자와의 동행'이라는 이름 아래 정작 약자들이 배제되고 소외되고 있다는 점을 여러 사례와 근거를 제시하며 지적했습니다.

그리고 한편으론 더불어민주당 서울시당과 함께 '서울 바로잡기 위원회' 활동에 참여하며 왜곡된 시정을 바로잡기 위한 정책적 근거를 쌓았고, 총선기획단 활동을 통해 서울 시민의 삶을 실질적으로 개선할 수 있는 대안을 지속적으로 제시했습니다. 비록 의회 내에서의 힘은 약했지만, 시민의 편에서 시정을 감시하고 기록하며 미래를 준비하는 역할만큼은 결코 포기하지 않았습니다.

지난 4년은 쉽지 않은 시간이었지만 결코 헛되지 않았습니다. 소수당으로서의 치열한 문제 제기와 저항은 서울시정의 어두운 단면을 드러내는 기록이 되었고, 언젠가 정의와 상식이 다시 작동할 때 반드시 필요한 근거로 남을 것입니다. 서울시의회 민주당 원내대표로서의 역할은 바로 그 기록을 남기고, 시민과 함께 끝까지 잘못된 시정을 바로 세우기 위해 노력하는 것이었습니다.

다음은 서울시의회 11대 의회에서 사회적 합의를 외면한 채 일방적으로 폐지되었지만 공정과 상식이 바로 서는 의회가 돌아오면 다시 논의되고 검토되어야 할 조례들입니다.

"서울특별시 미디어재단 티비에스(tbs) 설립 및 운영에 관한 조례"
"서울특별시 대안 교육기관 지원 조례"
"서울특별시 태양광 설치 및 관리 등에 관한 조례"
"서울특별시 마을공동체 활성화 지원 조례"
"서울특별시 시민참여형 에너지전환 지원에 관한 조례"
"서울특별시교육청 숙의민주주의 실현 조례"
"서울특별시교육청 생태전환교육 활성화 및 지원에 관한 조례"
"서울특별시 사회서비스원 설립 및 운영 지원에 관한 조례"
"서울특별시 학생인권 조례"

03

서울시
기후 대응 정책의 현주소

기후에너지환경부(장관 김성환)와 기상청은 지난해 9월 우리나라 기후 위기와 관련한 과학적 근거, 영향 및 적응 등의 연구 결과를 정리한 '한국 기후 위기 평가보고서 2025'를 공동으로 발간했습니다.

이번 보고서에는 2024년 국내에서 관측된 이산화탄소 농도는 지구 평균 농도보다 약 5.2-7.9ppm 높았으며, 2024년과 2023년 한반도 연평균 기온은 각각 14.5℃, 13.7℃로 역대 1, 2위를 기록했고, 10년 구간의 기온 상승률이 최근에 빠르게 높아지고 있어서 온난화 추세가 강화되고 있다는 내용이 담겼습니다. 폭염으로 인한 온열질환자 수는 2020~2023년 평균 1,709명(사망 17명) 대비 2024년에는 2배 증가했습니다.

서울의 기온 상승률은 한반도 평균보다 크게 높습니다.

우리나라가 근대식 기상관측을 시작한 1908년 서울의 평균기온은 10.4도였습니다. 지난 2024년에는 14.5도를 기록하여 1908년 대비 4.5도가 상승했습니다. 2025년의 통계가 아직 나오지 않았지만 더 높을 것이라고 예상하고 있습니다.

우스갯소리로 했던 올해 여름이 가장 시원한 여름이라는 말은 현실이 되고 있습니다.

지구 온난화로 인한 기후 위기는 모든 시민의 삶과 건강, 생존에 영향을 미치지만 특히 노인, 저소득층, 장애인 등 취약계층이 먼저 위험에 노출되고 더 취약합니다.

기후 위기 대응이 경제에 미치는 영향도 적지 않습니다.

기업들은 2050년까지 모든 전력을 풍력, 태양광 등 재생에너지로 조달하겠다는 자발적 캠페인 RE100에 동참해야 하고 올해부터 유럽연합EU은 제품을 수입할 때 생산 과정에서 배출된 탄소량에 따라 비용을 부과하는 탄소국경조정제도CBAM를 본격적으로 시행함으로써 기후 위기 대응 정책은 산업과 경제의 지속 가능한 성장에도 크게 영향을 미치게 되었습니다.

그래서 기후 위기 대응 정책은 환경정책일 뿐 아니라 약자와의 동행인 복지정책이며 지속 가능한 성장의 토대를 만드는 경제

정책입니다.

　그럼에도 서울시의 에너지 자립률은 10%에 미치지 못하고 신재생에너지 자립률은 1%에 머물러 있습니다.

　그동안 서울시는 '원전 하나 줄이기', '태양의 도시', '그린 뉴딜을 통한 온실가스 감축 전략' 등 다양한 기후 대응 정책을 추진해 왔습니다. 하지만 번번이 목표는 거창하고 결과는 초라했습니다.

　그 원인은 정책을 실현하려는 의지의 부족도 있겠지만, 정책 담당 부서의 조직 구조에도 문제가 있습니다. 기후 정책은 설계와 수행, 평가와 결과를 공유하고 다시 정책에 수정 반영하는 환류 구조를 가져야 하지만 실제로는 설계자·집행자·평가자가 분리되어 책임성과 연속성이 담보되지 않고 있습니다. 이로 인해 정책의 거창한 목표에 비해 현장의 성과는 축적되지 못하는 한계를 드러냈습니다.

　서울시 기후 대응 행정의 핵심 조직인 기후환경본부의 인력 현황을 살펴보면 문제의 심각성을 알 수 있습니다. 담당 인력의 70% 이상이 근무 기간 1년 미만으로, 중장기 정책 로드맵에 대한 이해와 축적이 어려운 구조를 갖고 있습니다. 기후 위기는 단기간 성과로 해결될 수 없는 장기 과제임에도 불구하고, 현재의 행정 체계는 지속성과 전문성을 담보하지 못하고 있습니다.

　이러한 한계를 극복하기 위해서는 기후 대응을 '부서 간 협업

　　　　　　　　　　　　　　　너는 왜 정치를 하니?

과제'가 아닌, 명확한 책임과 권한을 가진 전담 기구 중심의 도시 전략으로 재정립할 필요가 있습니다. 정책을 설계한 조직이 실행과 평가까지 책임지는 구조, 장기 인력이 축적되며 정책 성과가 시민과 공유되고 다음 정책으로 환류되는 구조가 마련될 때 비로소 서울의 기후 대응은 선언을 넘어 실질적인 변화로 이어질 수 있습니다. 기후 위기에 대한 서울의 대응은 이제 선택이 아닌, 도시의 미래를 결정짓는 필수 정책 과제입니다.

그래서 오세훈 시장께 기후 대응 업무에 전력할 수 있는 전담 기구의 설치를 시정질문을 통해 요청했지만 정중하게 거절당했습니다. 안타까운 일입니다.

그 후에 노원구가 지방자치단체로선 처음으로 기후 대응 전담 추진단을 설치한 것은 고무적인 일입니다.

오세훈 시장은 환경운동연합을 통해 정치를 시작하기도 했고 한때는 대표적인 환경운동 정치인이라 불렸던 인물입니다. 단 한 번의 시정질문으로 모든 것을 예단할 수 없지만 서울시의 환경정책을 이끌어야 할 오세훈 시장의 환경에 대한 얕은 지식과 무관심에 가까운 기후감수성에 적잖이 당혹스러웠습니다.

※ 시간도 좀 지났고, 적어도 지금은 환경에 대한 인식(기후감수성)이 달라졌을 거라는 희망을 담아 시정질문 관련 속기록을 첨부합니다.

서울시 기후정책에 대한 시정 질문(속기록)

서울시의회 제303회 정례회 (2021. 11. 18)

저는 오늘 IPCC 6차 보고서 이후의 서울시 기후환경정책과 일몰로 치닫고 있는 베란다 태양광 사업에 대해 오세훈 시장에게 질의하고 시민사회에 대한 시장의 가치 철학이 무엇인지 묻고자 합니다.

바로 질의에 들어가겠습니다. 오세훈 시장, 발언대로 나와주시기 바랍니다.

○ **송재혁 의원** 아시겠지만 IPCC 6차 보고서가 지난 8월에 발표가 됐습니다. 아시죠?

○ **시장 오세훈** 네.

너는 왜 정치를 하니?

○ **송재혁 의원** 5차 보고서와 가장 큰 차이는 뭐라고 생각하십니까?

○ **시장 오세훈** 글쎄요, 구체적인 사정까지는 제가 파악을 못했습니다.

○ **송재혁 의원** 네?

○ **시장 오세훈** 구체적인 데까지는 파악하지 못했습니다.

○ **송재혁 의원** 지금 기후 환경, 넷제로(Net-Zero) 이거 아주 중요한, 국가적인 세계적인 중요한 시점에 와 있지 않습니까?

○ **시장 오세훈** 네, 중요하다는 사실은 저도 깊이 깨닫고 있습니다.

○ **송재혁 의원** 제가 뭘 질의할 건지 여러 차례 공무원들이 물어보셔서 제가 이거 물어볼 거다 이렇게 말씀을 드렸습니다. 어떤 차이가 있는지 잘 모르신다는 말씀입니까?

○ **시장 오세훈** 네, 그전의 것하고 비교를 해 본 적은 없습니다.

○ **송재혁 의원** 간단하게 말씀드리면, 그러면 넷제로 2050에 대해서는 아십니까?

○ **시장 오세훈** 네, 그건 알고 있습니다.

○ **송재혁 의원** 무슨 의미지요?

○ **시장 오세훈** 탄소배출량을 줄여서 기후 온난화를 막을 수 있는 장치를 마련하자 이게 요지 아니겠습니까?

○ **송재혁 의원** 그런데 왜 하필이면 2050입니까?

○ **시장 오세훈** 글쎄요, 그것까지는 제가 잘 모르겠습니다. 왜 하필이면 2050인지….

○ **송재혁 의원** 기후 쪽에는 관심이 없으신 거예요? 제가 알기로 시장

께서는 변호사 개업과 함께 환경운동연합에서 일을 같이 하셨습니다, 한 1년 후에….

○ **시장 오세훈** 그렇습니다.

○ **송재혁 의원** 그리고 의정활동을 하시는 과정에서도 환경운동연합과 그리고 지금도 내가 시민단체에 관여했던 사람이라고 자랑스럽게 말씀을 하십니다.

○ **시장 오세훈** 네.

○ **송재혁 의원** 그때는 환경에 관심이 많았는데 이제는 별 관심이 없으신 모양입니다.

○ **시장 오세훈** 그렇게 말씀하시는 건 조금 과하시고요, 구체적으로 왜 2049년이 아니라 2050년이어야 하는지에 대해서 저는 사실은 조금 회의적입니다.

○ **송재혁 의원** 회의적이라는 말씀은 무슨 말씀이죠?

○ **시장 오세훈** 그러니까 지나치게 공격적인 목표를 이상적으로 잡았다는 느낌을 지울 수가 없습니다.

○ **송재혁 의원** 바꿔서 말씀드리겠습니다.

○ **시장 오세훈** 2050 탄소중립을 지키려면 대한민국 경제는 아마 상당히 고통스러울 겁니다.

○ **송재혁 의원** 우리가 2050과 계속 같이 거론되는 단어가 있습니다. 1.5℃입니다. 1.5℃에 대한 의미는 아십니까?

○ **시장 오세훈** 네, 2℃가 아니라 1.5℃로 목표를 설정했다는 것도 잘 알

서울시의회 시정질문

고 있고요, 우리 그런 수치를 가지고 너무, 글쎄요. 논의를 위해서는 필요한 장치이긴 하지만….

○ **송재혁 의원** 장치의 문제가 아니고 현실의 문제입니다. 우리 환경의 문제입니다. 1.5℃의 의미가 뭡니까? 무슨 기준으로 1.5℃를 얘기하고 있습니까?

○ **시장 오세훈** 1.5℃가 오르게 되면 생태계가 몹시 어렵고 힘들어집니다.

○ **송재혁 의원** 어디서부터? 왜? 1.5℃가 뭐냐고요? 왜 하필 2℃도 아니고 1.8℃도 아니고….

○ **시장 오세훈** 북극, 남극부터 시작해서 지구 전체가 어려워지겠죠.

○ **송재혁 의원** 그런 것 아닙니다, 그런 것 아니고요. 앞으로는 환경운동연합 거론하지 않으시는 게 맞습니다.

1.5℃의 기준은 산업화입니다. 산업화까지는 지구의 온도가 서서히 상승하다가 산업화 이후에 뜨겁게 달아오르기 시작했고, 5차 IPCC 보고서가 나왔던 2014년도에는 산업화에 대비해서 0.8℃가 올랐답니다. 그래서 그 기준으로 보면 2050년이 되면 1.5℃ 지구의 온도가 상승할 텐데 그렇게 되면 지구 곳곳에 많은 재앙이 예상되는 겁니다. 서울의 온도는 이것보다 훨씬 빠르게 올라가고 있습니다.

그런데 IPCC 6차 보고서의 내용은 그렇게 올라갈 줄 알았는데 지난 몇 년 동안에 온도가 더 많이 올라가서 현재 1.09℃가 상승되어 있고 이 상태로 가면 2050년이 아니라 2040년이면 지구의 온도가 산업화 이후에 1.5℃ 올라가는 시점이 빨리 도래하겠다 이런 겁니다.

○ **시장 오세훈** 제 공부가 부족했습니다.

○ **송재혁 의원** 아니, 제가 뭘 여쭤봐야 되는데 서울시의 환경정책에 대해서, 뭘 아셔야 여쭤볼 텐데. 어쨌든 중앙정부는 6차 보고서 이후에 NDC, NDC는 뭔지 압니까?

○ **시장 오세훈** 네.

○ **송재혁 의원** 국가의 온실가스 감축목표입니다. 온실가스의 감축목표를 상향 조정합니다. 그래서 중앙정부는 2040으로 넷제로를 위한 정책으로 변화해 가고 있습니다. 사실 제 질의는 그러면 서울은 기후변화 대응 정책을 어떻게, 2050에 맞춰서 가고 있는데 2040으

로 전환할 거냐 하는 것을 여쭤보고 싶었거든요. 대답하실 수 없겠
군요.

○ **시장 오세훈** 저는 사실상 목표 달성이 힘들다고 생각하는 쪽입니다.

○ **송재혁 의원** 아니 목표 달성을 여쭙는 게 아니고요, 서울시의 기후
환경 대응 정책을 여쭙는 겁니다. 뭡니까?

○ **시장 오세훈** 일단 이산화탄소를 도시에서 가장 많이 줄이려면 건축
물 부분이 굉장히 중요한데요. 기존의 건축물은 에너지 절약형, 에너
지 효율형으로 바꾸고 신축 건물은 ZEB라고 일컬어지는 제로 에너
지빌딩 정책을 써서 최대한 에너지 효율적인 건축물로 바꿔내는 게
도시에서의 2050 탄소중립을 달성하는 데 가장 중요한 정책이라고
생각합니다.

○ **송재혁 의원** 시장님, 그거 이미 박원순 시장 때, 지금 자꾸 문제를 삼
으시는 박원순 시장 때 많이 해 왔던 얘기입니다. 충분히 정책을 만
들어 진행해 왔던 일입니다. 그런데 잘 안됩니다. 잘 안됩니다.
(자료화면을 가리키며) 저게 박원순 시장 때 진행해 왔던 여러 가지 에너
지와 관련된 환경정책입니다. 그런데 저 대부분이 안타깝게도 목표
에 거의 도달하지 못하고 있습니다.

○ **시장 오세훈** 그랬을 겁니다.

○ **송재혁 의원** 그 원인이 어디 있다고 생각하십니까?

○ **시장 오세훈** 대부분 태양광을 활용한 정책이었는데 그것이 아마 목
표를 달성하기에는 굉장히 현실적으로 한계를 가진 방법이기 때문에

그렇습니다.

○ **송재혁 의원** 시장님, 태양의 도시 정책은 2018년도부터 시작합니다. 그전에는 태양이 그렇게 중요하게 기후 환경 정책에서 대두되어 왔던 건 아니에요. 없었던 건 아니지만….

○ **시장 오세훈** 그렇죠. 원자력 하나 줄이기부터 시작했던 것 아닙니까.

○ **송재혁 의원** 그러니까 저렇게 목표치에 도달하지 못했던 이유, 뭐라고 생각하십니까?

○ **시장 오세훈** 이건 뭐 솔직한 제 분석인데요, 당초부터 목표 달성이 힘든 목표를 설정했다고 생각합니다.

○ **송재혁 의원** 네, 그렇습니다. 산출 근거가 부족한 상태에서 희망적인 목표를 설정했고요. 목표를 설정해 놓고 목표를 실행할 의지도 적극적으로 보여주지 못했습니다. 계획은 화려하고 성과는 미미하고… 그러면 누군가 책임을 져야 하지 않습니까? 책임을 질 수 있는 구조도 만들어져 있지 않았습니다.

(자료화면을 보며) 화면을 좀 봐주시죠. 보통 정책은 저런 순환의 구조를 갖고 가야 됩니다. 이것은 기후환경 정책만의 문제는 아닙니다. 사업을 설계하고, 목표를 설정하고 그리고 그 설정된 목표를 수행하기 위한 노력을 하고요 그 이후에 평가를 하고 평가한 다음에 비교 분석하고 결과를 공유하고 그게 다시 돌아갈 수 있는 환류가 이어져야 정책은 지속 가능합니다. 동의하십니까?

○ **시장 오세훈** 동의합니다.

○ **송재혁 의원** 그런데 저게 잘 안되어 있습니다. 사실 지금도 메타 거버 넌스, 컨트롤타워, 기후예산제 등 많은 정책이 시장님 오신 이후에도 적극적으로 하겠다는 의지는 보이고 있습니다. 아니, 의지는 아니죠, 말은 하고 있습니다. 그런데 실천 의지는 여전히 보이지 않습니다. 메 타 거버넌스 아십니까, 뭔지?

○ **시장 오세훈** 메타 거버넌스요?

○ **송재혁 의원** 메타 거버넌스. 아니 환경에 대해서는 아시는 게 없네 요. 오늘은 제가 시장님이 워낙 말씀을 많이 하시려고 해서 시간 얼 마든지 드린다 이러고 나왔는데 도리어 말씀을 잘 안 하세요.

메타 거버넌스는 뭡니까?

○ **시장 오세훈** 서울시에 설치된 회의체라고 지금 얘기를 들었습니다.

(본부장의 얘기를 듣고)

○ **송재혁 의원** 답답하니까 그냥 제가 얘기하겠습니다.

메타 거버넌스가 뭐냐가 중요한 게 아니라 환경과 관련된 논의를 하 는 중요한 기구인 메타 거버넌스가 시장님이 오신 얼마 후부터 아예 열리지도 않습니다. 그것은 시장님이 지시했다고 보이진 않지만 시장 님이 이렇게 환경에 무지하니 공무원들이 별로 신경도 안 쓰고 대충 가도 되겠다 이런 생각 하는 것 아니겠습니까?

(자료화면을 보며) 기후환경본부의 인력 현황입니다. 보시면 아시겠지만 2020년과 2021년에 보직을 받고 가신 분들 보면 거의 80%가 넘습 니다. 저는 기본적으로 저런 구조를 가지고는, 저게 어떤 걸 의미하

냐 하면 사업을 설계하고 목표를 설정하는 사람과 일을 진행하는 사
람과 평가하는 사람과 그것에 대해서 책임을 지는 사람이 다 다르다
는 거예요. 저래가지고 무슨 정책이 되겠습니까? 아까 말씀하신 것처
럼 산업이 망가지는 게 아니고요, 저런 구조를 갖고 있다면 어떤 목
표설정을 해도 도달할 수가 없습니다. 그렇지 않겠습니까?

사실은 그래서 제가 시장님께 부탁을 좀 하려고 합니다. 그런데 너무
모르시니 이거 부탁을 해 봐야 공염불이 아닐까 생각은 하는데, 적
어도 기후환경정책과 관련해서는 중장기적인 계획을 세우고 그리고
지속적이고 안정적으로 추진할 수 있도록, 사람 얘기입니다, 사람. 그
래서 상설 전담기구를 설치할 용의는 없느냐 이걸 여쭤보고 싶었던
겁니다. 용의 있으십니까?

○ **시장 오세훈** 정책의 우선순위에 비추어 볼 때 그 목표를 달성하기 위
해서 상설 집행기구를 만드는 것까지는 조금 과하지 않겠습니까, 회
의체를 만든다면 몰라도?

○ **송재혁 의원** 회의체계는 있습니다.

○ **시장 오세훈** 그러니까요.

○ **송재혁 의원** 회의체계는 있는데 운영이 잘 안되고요, 회의하던 사람
이 몇 개월 있으면 또 바뀝니다. 무슨 의미가 있습니까? 그런 회의체
계 안 된다, 그러니 뭔가 전담 기구를 가지고 지속적으로 지구를 살
리기 위한 노력을 해야 된다 이 말씀을 드리는 거예요. 그런데 제가
주제를 좀 잘못 선택해 왔다 이런 생각이 강하게 듭니다. 뭘 아셔야

지, 관심이 있어야지 뭘 바꾸려는 노력을 하죠. 애초에 모르는데 뭘 하시겠습니까?

04

함께 잘사는 서울
― 균형발전

오세훈 시장에게 물었습니다.

"서울의 균형발전에 대한 의지가 있는지?"

"'다시 강북시대'라는 구호만 외치며 희망고문하는 것은 아닌지?"

서울의 지방자치는 민선 단체장이 선출되고 지방자치가 부활한 1995년부터 강남·북 불균형이라는 태생적 한계에서 시작했습니다. 이후 태생적 차이가 시간이 지날수록 점점 커져 양극화를 고착시켰고 재정의 불균형은 교육환경과 문화, 정보에 이르기까지 다양한 영역에서 불균형으로 표출되어 사회 곳곳에서 갈등이 유발되고 있습니다.

강남·북 간 재정 격차는 재산세 공동과세 이후 잠시 완화되는 듯하다가 최근 몇 년 사이 다시 빠르게 확대되고 있습니다.

그동안 모든 역대 시장들은 강남·북의 균형발전에 대해 연구용역도 하고, 정책과 비전도 발표했지만 돌아온 결론은 제도적 한계와 BC(비용편익비)가 낮게 나와서 사업 진행이 어렵다는 것이었습니다.

굳이 많은 예산을 들여 연구용역을 하지 않아도 BC가 낮을 거라는 건 압니다.

비용편익비는 본질적으로 편익을 비용으로 나눈 값입니다. 즉, BC는 고정된 절댓값이 아니라, 정책과 재정 투입에 따라 변화하는 상대적 지표입니다. 그럼에도 서울시는 지금까지 강북 지역의 BC를 높이기 위한 재정 투입과 인프라 개선을 위한 시도를 적극적으로 하지 않았습니다. 오히려 투자 효용이 높다는 이유로 예산은 다시 강남으로 집중되고, 강북은 낮은 BC를 이유로 투자 대상에서 배제되는 이율배반적 정책과 사업이 반복되어 왔습니다.

1970년대 강남을 개발할 당시에 예비타당성조사를 했다면 BC는 0.1도 나오지 않았을 것입니다.

정부와 서울시는 강남을 개발하기 위해 '특정 지구 개발 촉진에 관한 임시조치법'을 시행하고 강남에서 취·등록세, 재산세, 영업세 등 토지의 거래 및 사용에 대한 거의 모든 세금을 면제했습니다. 기존의 지하철 계획을 변경하고 한강 교량을 연이어 개통했으며 허허벌판에 공무원 아파트를 짓고, 공무원들을 반강제로 이주시키고 강북의 명문고 15개를 이전시켰습니다. 그것도 부족하여 '한강 이북 지역 택지개발 금지 조치'를 통해 강북에는 아파트 신축을 금지했고 인구 집중을 유발하는 백화점·시장·대학 등의 새로운 입지를 제한했습니다.

이처럼 강남은 시장 논리나 비용 편익에 따라 성장한 지역이 아니라, 국가와 지방정부의 집중적인 재정 투자와 규제 완화, 행정 권한이 총동원되어 만들어진 도시입니다. 그래서 오늘날 강북의 저조한 BC 또한 '지역의 한계'가 아니라, 그동안 축적되지 못한 공공투자의 결과라고 보는 것이 타당합니다.

지금도 50년 전 강남처럼 초법적 지원이나 강제적 조치가 이루어진다면 강북도 충분히 바뀔 수 있습니다. 하지만 안타깝게도 실현될 가능성은 없습니다. 그러나 BC 적용을 받지 않거나 상대적으로 유연한 영역에서 지방정부가 할 수 있는 일들은 수도 없이 많습니다.

　　　　　　　　　　　　　　　　　　　　　　　　

그래서 오세훈 시장에게 BC의 적용을 받지 않고도 할 수 있는 일들을 하자고 제안했습니다.

첫째, 지하철 신규 노선을 추가하지 못한다 해도 기존 지하철 역사의 에스컬레이터와 엘리베이터 등 이동 편의시설을 전폭적으로 개선하고, 지하철 역사의 유휴공간을 지역 주민을 위한 문화, 보육 공간으로 전환할 수 있습니다.

둘째, 학교를 옮길 수는 없겠지만 강북 지역의 학교 시설개선에 예산을 집중하고, 인공지능, 로봇, 미래 과학 등 4차 산업 관련 교육 프로그램을 역차별적으로 지원할 수 있습니다. 이는 단기적으로는 강북 지역의 교육 환경을 개선하고, 중장기적으로는 지역 인구 구조와 도시 경쟁력을 변화시키는 투자입니다.

셋째, 특별법을 만들고 세금을 면제하고 주민을 강제 이주시키지 않더라도 기반 시설을 재정사업으로 지원하고 재개발, 재건축에 대한 규제를 완화하여 용적률과 보정계수를 강남·강북 간 차등 적용함으로써, 동일한 규제가 서로 다른 결과를 낳는 구조적 불평등을 완화할 수 있습니다.

균형발전은 25개 자치구를 모두 강남처럼 만들자는 것이 아닙니다. 진정한 균형발전은 각 자치구마다 다양한 여건과 문화적,

환경적 여건을 살려 특별하지만 다 함께 잘사는 서울을 만드는 것입니다. 하지만 지금 강북은 하고 싶어도 할 수 있는 예산이 없고, 제도적인 한계인 BC에 막혀 있습니다.

서울의 균형발전에 진심인 시장이라면 많은 돈을 들여 연구용역을 하고, BC가 낮아서 추진을 못한다는 뻔한 얘기만 할 일이 아니라, 과감한 재정투자를 통해 강북 지역의 BC를 높여주는 사업을 해야 합니다. 그리고 BC가 높아지면 그다음엔 자치구마다 필요한 일들을 할 수 있습니다.

오세훈 시장에게 질문은 끝났고 이제 서울시의 정책적 변화를 기다리거나, 강북의 발전과 '다 함께 잘사는 서울'에 진심인 서울시장을 만나야 합니다.

균형발전에 대한
구정 질문

노원구 의원 송재혁입니다.

제가 고3이 되던 해에 모교는 강남으로 옮겨졌습니다.

30분이면 충분했던 등교 시간은 2시간으로 늘어났습니다. 고3 수험생에게 주어진 제한된 시간 속에 등, 하교에만 4시간 이상을 허비해야 하는 황당한 일이 벌어졌습니다. 요즘 같으면 학생이나 학부모나 뒤집어질 일이었지만 당시에는 수도권 재배치라는 국가사업에 어느 누구도 반론을 제기하지 않았습니다.

그렇게 강남의 개발은 시작되었습니다.

'특정지구 개발촉진에 관한 임시조치법'에 의한 각종 세제 혜택뿐 아니라 강북의 개발 제한과 초기 개발 당시 사회 간접시설을 위해 투입된 막대한 예산도 서울 시민, 바로 강북 사람들의 세금이었습니다.

그러므로 강남의 땅은 강남만의 것이 아닙니다.

노원구의 재정수요충족도가 34%에 못 미치고 임대아파트가 이리도 많은 것이 이기재 구청장의 실정에 기인하거나 열정이 부족한 탓이 아니듯이 화려한 강남의 오늘 또한 강남 스스로 힘으로 일구어낸 것이 아닙니다.

그럼에도 불구하고 지방자치가 시작되면서 태생적으로 주어진 노원구와 강남구의 재정불균형은 그 지역 주민들의 문화, 복지, 교육환경의 차이로 나타나고 우리 노원 사람들의 가슴에 박탈감과 멍으로 남았습니다.

노원구가 원어민 영어교실 하나 열어놓고 마치 '앞서가는 교육 1번지'인 양 자랑하고 있을 때 강남은 자체 예산으로 관내 29개 초등학교 모두에 원어민 교사를 배치하고 교사들이 묵을 숙소까지 임차해 주고 있습니다.

교육경비 보조예산 15억 원으로 일부 학교의 책걸상을 바꿔주고, 낡은 학교 건물 도색을 하고 있을 때 강남은 60억 원 이상의 예산으로 각종 교육프로그램을 운영하고 있습니다.

어린이도서관을 세계 최초로 개관했다고 수선을 피울 때 강남은 23개 초등학교에 3억 원 이상씩 투자하여 학교마다 전자도서관을 지어주고 올해만 도서관 운영비로 지원된 예산이 13억 원이 넘습니다.

지난 11월 25일 정례회에서의 시정연설을 통해 구청장께서는 노원구가 수능 방송도 운영하고 있다고 대놓고 자랑하셨지만, 이 또한 강남구청 인터넷방송국에서 도입, 연계하여 이용하는 더부살이 신세입니다.

기성세대에서 시작된 노원구와 강남구의 태생적 불균형은 이제 차별 없는 동등한 교육환경에서 공부해야 할 당당한 권리를 가진 우리 아이들에게까지 세습적 불균형으로 이어지고 있습니다.

이러한 태생적 불균형을 해소하기 위해 국회에서는 현재 세목 교환을 위한 지방세법 개정과 차별 없는 교육을 위한 '교육격차 해소법'의 입법이 추진 중입니다.

이 법이 만들어지고 세목 교환이 이루어지면 노원구는 향후 십 년 동안 매년 300억 원 내외의 세수입이 늘어납니다. 이 예산으로 쾌적한 주거환경과 차별 없는 교육환경을 만들기 위한 많은 일을 할 수 있습니다. 이는 노원의 발전과 안정적 세수 확보로 이어질 것이며 이렇게 확보된 예산은 다시 지역개발과 복지사업에 쓰여질 것입니다.

하지만 국회의 입법과 관련하여 서울시 구청장협의회는 세목 교환 반대라는 한목소리를 내고 있습니다. 노원구청장도 반대할 수 있습니다. 지역 간 불균형을 해소하고 노원구의 발전을 도모할 수 있는 보다 훌륭한 대안도 있을 수 있습니다. 그렇다 하더라도 구청장협의회의 의견을 전달하는 방법이 상식 밖이고, 담고 있는 내용이 터무니없어 이 자리를 빌려 구청장께 몇 가지 확인을 하고 이에 대한 의견을 묻고자 합니다.

지난 8월 26일 조선, 동아, 중앙, 한겨레 등 4개 일간지에 세목 교환을 하면 노원구민은 2007년부터 2009년까지 3년 동안 666억 원의 손해를 보게 된다는 광고가 나갔습니다. 지난 10월 10일에는 포털 사이트 '다음'에 의뢰하여 노원구민 12만 명에게 '노원구민의 슬픈 드라마'란 제목의 메일을 발송했습니다.

25명의 구청장들은 세목 교환에 절대 반대하며 세목 교환을 하면 2009년부터 2017년까지 노원구는 5,930억 원의 손해를 보게 된다는 내용입니다. 그 후에는 사이트를 가리지 않고 '누구를 위하여 종을 울리나', '바람처럼 사라진 서울 시민의 혈세' 등 자극적인 제목의 메일을 무지막지하게 보냅니다.

두 달이 채 안 된 기간 동안 저도 14통의 메일을 받았습니다.

문제는 광고의 방식이나 횟수보다는 사실과 다른 내용에 있습니다.

구청장협의회는 노원구가 세목 교환을 하면 안 되는 이유로서

- 노원구 재산세는 2009년에 483억 원에 이르고 그 후 해마다 100억 원씩 증가한다. 그래서 세목 교환하면 노원구는 2007년부터 2009년까지 666억 원, 2009년부터 2017년까지 5,930억 원의 손해를 보게 된다.
- 재산세는 지방세여야 한다. 그러므로 세금을 낸 지역에 투자해야 한다.
- 세목 교환보다는 공동세를 신설하는 것이 노원구 재정에 도움이 된다.
- 세목 교환이라는 수평적 불균형의 해소보다는 국세의 지방세 이양 등을 통해 수직적인 불균형의 해소가 바람직하다 등을 들고 있습니다.

하지만 일간지에 광고 내고 집집마다 메일까지 보내주며 노원구민이 행여 손해 볼까 염려해 주는 그 깊은 배려(?)와는 다르게 연구용역을 맡았다는 연구소조차 주장하는 내용에 대한 기초 자료를 제출하지 못하고 있으니 황당한 일이 아닐 수 없습니다. 오히려 세목 교환을 하면 노원구는 내년에만 행자부 자료는 351억 원, 서울시의 자료도 322억 원의 세수가 늘어나는 것으로 되어 있습니다. 그리고 노원구 중기재정계획에 의하면 2009년엔 지방세 중 보통세를 모두 합해도 300억 원 정도이며 그 후에는 매

년 100억 원이 아닌 10억 원 내외의 신장을 예상하고 있습니다.

실효세율 또한 협의회는 서울시 전체 세대에 보유세 실효세율 1%를 적용하는 것을 전제하고 있으나 정부의 발표는 전체 세대 중 종합부동산세 대상 등 2% 정도만 실효세율을 1%로 강화하는 것이며 이들 대부분은 강남에 살고 있습니다.

재산세는 지방세여야 한다. 그렇습니다. 재산세를 지방세로 해야 한다는 데는 이견이 별로 없습니다. 다만 지방세 중 시세로 할 것이냐 구세로 할 것이냐의 문제는 개발과 운영에 대한 역사적 배경과 사회적 판단에 의해 결정되어야 합니다.

앞서 말씀드렸듯이 강남의 재산은 강남만의 것이 아닙니다.

현재 토지의 개발과 운영 등 도시계획에 대한 입안권을 서울시장이 갖고 있으며(지방은 기초단체장인 시장과 군수에게 그 권한이 있음) 이는 서울시 전역에 대한 균형발전의 권한과 책임 또한 서울시장에게 있음을 의미합니다.

개발과 재산의 가치는 동일 선상에 있습니다. 그러므로 재산세는 서울시의 균형발전을 위한 교통, 복지, 문화, 환경, 교육 등의 기반 시설과 재정수요를 충당하는데 사용되어야 합니다.

공동세를 만들자는 제안은 노원구를 위한 발상인지, 강남 수호를 위한 차선책인지는 알 수 없으나 공동세 30% 운운하는 것은 노원구민을 우롱하고 기만하는 술책일 뿐입니다. 진정한 불균형 해소책이라면 재산세를 모두(100%) 공동세로 하는 것은 일면 타당함이 있습니다.

강남구가 '세목 교환은 균형발전에 도움이 안 된다'고 주장해 온 지난 10년 동안에도 노원구와 강남구의 기준재정수요충족도는 점점 벌어져 05년에는 그 격차가 7.5배에 달합니다. (노원구 33.9%, 강남구 252.4%)

세목 교환이 이루어지지 않으면 강남구의 재산세는 강남에만, 노원구의 재산세는 노원에만 투자되어 두 지역의 경제, 문화, 교육, 복지의 불균형은 더욱 커질 수밖에 없습니다. 그리고 이로 인한 계층 간, 지역 간 갈등과 반목은 곳곳에서 소모적인 충돌로 이어져 막대한 국가적인 손실을 초래하게 될 것입니다.

그런데도 서울 구청장 협의회는 이와는 상충된 내용의 주장을 계속하고 있습니다.

이와 관련하여 이기재 구청장께 질문하겠습니다.

- 본 의원은 노원의 발전과 지역 간 불균형 해소를 위해 세목 교환이 꼭 이루어져야 한다고 생각하는데 구청장의 견해는 어떠한지? 구청장께서 가지고 있는 불균형 해소 방안과 함께 말씀하여 주십시오.

- 구청장 협의회 명의로 된 광고와 메일의 내용을 충분히 숙
  지하셨을 것으로 사료됩니다. 구청장께서는 그 주장에 동
  의하시는지 말씀하여 주시고 세목 교환을 하면 노원구가
  손해 본다고 제시한 666억 원과 5,930억 원에 대해 통계자
  료에 입각한 근거를 제시해 주시기 바랍니다.

- 구청장협의회는 세목 교환을 막아보려는 의도로 '세목 교환
  관련 시뮬레이션 연구용역'을 발주하고, '세목 교환은 지방
  분권에 역행한다'는 제목의 CD를 제작 배포하고(05. 9 제작),
  일간지와 지역신문에 광고했으며 그것도 부족하여 친절하
  게도 노원구민 각 가정마다 이메일을 보내주셨습니다.
  보통 연구용역을 의뢰하고 기존자료 취합하여 간단히 보
  고서 하나 만드는 데도 5천 만 원의 예산이 소요됨을 감
  안하면 구청장협의회가 사용한 비용이 만만치 않을 것으
  로 여겨집니다.
  구청장께서 납부하시는 일반회비는 연 120만 원으로는 턱
  도 없을 듯한데 어떻게 충당하였는지 말씀하여 주십시오.
  그리고 의회의 동의도 구하지 않고 특별회비 300만 원이
  납부되었습니다. 애초에 예정되지 않은 특별회비를 시급하
  게 납부한 이유에 대하여도 밝혀 주시기 바랍니다.

  너는 왜 정치를 하니?

※ 20년 전에 균형발전과 관련하여 구정 질문을 한 원고입니다. 시간이 많이 지났는데 지금 읽어도 어색하지 않은 내용이, 고착화된 양극화의 단면을 보는 듯하여 안타깝습니다.

지금은 시정 질문이나 구정 질문이 일문일답인데 당시엔 일괄질문, 일괄 답변 형식이었다는 것만이 세월의 변화를 느끼게 하네요.

역차별 복지 제도,
매칭 사업

매칭 방식의 복지사업은 중앙정부와 서울시가 일정 비율의 예산을 지원하고, 나머지를 지방정부가 부담하는 구조로 운영됩니다. 이 방식은 지방의 재정 책임성과 사업 참여를 유도한다는 명분을 갖고 있으나, 실제 현장에서는 지자체 간 재정력 차이를 그대로 정책 결과에 반영시키는 구조적 한계를 드러내고 있습니다. 특히 저소득층 인구 비중이 높은 노원구와 같은 지자체일수록 매칭 방식의 보조금 사업에 대해 구조적인 부담을 느끼며, 적극적인 참여를 꺼리게 되는 경향이 반복적으로 나타납니다.

저소득층이 많은 지자체는 복지 수요가 많고 필수적 사업의 범위가 넓습니다. 기초생활보장, 돌봄, 주거, 의료, 노인과 장애인의 지원 등 이미 자체 재원으로 감당해야 할 의무 지출이 과중한 상황에서, 추가로 지방비 매칭을 요구하는 사업은 곧바로 재정 압박으로 이어집니다. 같은 매칭 비율이라 하더라도 재정 여력이 충분한 지자체는 이를 '확대 가능한 투자'로 인식하는 반면, 재정이 열악한 지자체는 '감당하기 어려운 부담'으로 인식하게 됩니다. 이로 인해 동일한 국가 정책임에도 불구하고 지역에 따라 참여 여부, 사업 규모, 서비스 질에 차이가 발생합니다.

이러한 구조적 모순으로 인해 매칭 사업이 지역 간 양극화를 고착시키는 결과를 낳기도 합니다. 재정력이 높은 지자체는 중앙정부 공모사업과 매칭 사업에 적극 참여하며 더 많은 국비를 확보하고, 이를 통해 다시 행정 역량과 인프라를 확충하는 선순환 구조를 형성하지만, 재정 여건이 취약한 지자체는 매칭 부담으로 인해 참여를 포기하거나 최소한의 수준에서만 사업을 운영하게 되고, 그 결과 주민들이 체감하는 복지 수준은 상대적으로 낮아집니다. 이는 '재정력이 곧 복지 접근성'이 되는 구조로, 국가 차원의 보편적 복지 원칙과도 상충합니다.

교육지원사업 역시 매칭 방식으로 운영됨으로써 동일한 문제가 반복되고 있습니다. 학교급식이나 입학준비금뿐 아니라 방과후학교 지원, 교육격차 해소 사업, 학습·돌봄 연계 프로그램, 미래 교육 인프라 구축 사업 등이 대부분 중앙과 지방정부의 매칭 구조를 갖고 있습니다.

재정력이 충분한 자치구는 학교 지원을 확대하고, 학습 환경 개선과 다양한 교육 프로그램을 제공할 수 있지만, 재정이 취약한 자치구는 최소한의 법정 사업만 유지하는 데 그치며, 결과적으로 학생들이 누리는 교육 기회의 폭과 질에서 격차가 발생합니다. 이는 개인의 노력이나 학교의 의지와 무관하게, '거주 지역에 따라 교육 기회가 달라지는 구조적 불평등'으로 나타납니다.

특히 교육과 복지는 한 번의 격차가 장기적 삶의 조건으로 이어지는 분야라는 점에서 문제는 더욱 심각합니다. 재정력이 약한 지역의 아동과 청소년은 상대적으로 적은 교육지원과 돌봄 서비스를 경험하게 되고, 이는 다시 학습 성취도와 사회 이동성의 격차로 이어집니다. 결국 매칭 방식은 현재의 재정 격차를 미래의 사회 격차로 전이시키는 메커니즘으로 작동할 위험이 매우 큽니다.

이러한 문제를 개선하기 위해서는

첫째, 재정 여건을 반영한 차등 매칭 제도가 필요합니다. 동일한 매칭 비율을 일률적으로 적용하기보다, 재정자립도, 재정력지수, 복지 수요 지표 등을 종합적으로 고려해 재정 여건이 낮은 지

너는 왜 정치를 하니?

자체에는 국비 비율을 대폭 상향하는 구조로 전환해야 합니다. 특히 저소득층 밀집 지역이나 교육 취약지역에 대해서는 '국가 재정 지원 또는 최소 매칭' 원칙을 적용할 필요가 있습니다.

둘째, 보편적 권리 성격이 강한 복지와 교육 사업은 국고 부담 원칙을 강화해야 합니다. 기초 돌봄, 아동·청소년 교육지원, 취약 계층 필수 복지 서비스 등은 지자체의 선택 사업이 아니라 국가가 책임져야 할 기본 서비스로 규정하고, 매칭 대상에서 제외하거나 국비 100% 또는 국비 사업에 준하는 형태로 전환하는 것이 바람직합니다.

셋째, 지자체 간 협력과 공동사업 모델을 확대할 필요가 있습니다. 개별 자치구가 단독으로 매칭 부담을 지는 방식에서 벗어나, 광역 단위 또는 권역 단위 공동 추진을 통해 재정 부담을 분산하고 행정 효율성을 높이는 방식도 하나의 대안이 될 수 있습니다.

그리고 매칭 사업의 성과 평가도 단순한 집행률이나 사업 규모를 기준으로 할 일이 아니라 격차 완화 효과와 사회적 필요 충족 여부를 중심으로 전환해야 합니다. 재정 여건 때문에 참여하지 못한 지자체가 불이익을 받지 않도록 제도 설계 단계에서부터 형평성을 고려한 보완 방안을 내재화하는 것이 중요합니다.

자칫하면 매칭 방식의 복지·교육사업은 지방분권의 수단이 아니라, 지역 격차를 구조화하는 제도가 될 수 있습니다. 지방정부의 재정 현실과 주민의 삶의 조건을 함께 고려하는 방향으로 제도가 개선될 때, 매칭 사업은 비로소 형평성과 지속가능성을 갖춘 정책 수단이 될 수 있습니다.

간선도로 지하화

노원구엔 부담스러운 '약자와의 동행'

오세훈 시장의 대표브랜드처럼 자리 잡은 '약자와의 동행' 사업은 사회적 약자를 보호하고 양극화를 완화하겠다는 명분 아래 추진되었으나, 실제 운영 구조를 보면 재정 여건이 취약한 노원구와 같은 자치구에 부담을 전가하는 방식으로 작동하고 있습니다.

서울시의회 재정분석담당관의 조사 분석 자료에 의하면 2022년부터 2025년까지 약자 동행 사업 규모와 건수는 지속적으로 확대되어 매칭 사업 건수는 약 23%, 총예산은 30% 이상 증가했습니다. 매칭 사업에서 평균적으로 자치구가 부담하는 비율은 14~15% 수준입니다. 이 비율이 재정자립도가 높은 자치구와

15% 내외에 불과한 노원구에 동일하게 적용되면서 구조적 불균형을 심화시키고 있습니다.

외형적으로는 자치구가 분담해야 하는 비율이 커 보이지 않지만, 재정력이 약한 자치구일수록 동일한 15%가 차지하는 실질적인 부담은 적지 않습니다.

실제로 자치구 평균 재정자립도는 2022년 29.4%에서 2025년 26.5%로 하락한 반면, 같은 기간 매칭 사업에 따른 자치구 부담액은 약 29% 증가했습니다. 이는 '재정 여력은 줄어드는데 의무적 지출은 늘어나는' 전형적인 가위 효과로, 재정 하위 자치구에 집중적으로 나타나고 있습니다. 문제는 이러한 부담 증가가 선택적 사업이 아니라 기초연금, 생계·주거급여, 장애인·노인 돌봄 등 법정 의무 지출 중심으로 발생하고 있다는 점입니다. 이들 사업은 분담률이 법적으로 고정되어 있어 자치구의 재정 상황과 무관하게 지출이 강제되며, 그 결과 재정력이 낮은 자치구일수록 가용 재원 중 의무 매칭 사업이 차지하는 비중이 급격히 커진다는 데 있습니다.

이러한 구조 속에서 자치구는 지역 특성에 맞는 자체 복지사업이나 예방적·선제적 정책을 추진할 재량을 점점 상실하게 됩니다. 최근 몇 년간 신규 사업이 대거 도입되면서 자치구의 누적 추

약자와의 동행

가 부담은 480억 원 이상 증가했으며, 특히 2024년에는 복지·돌봄·일자리 사업 확대가 단기간에 재정 압박으로 이어졌습니다. 일부 사업에서는 서울시 부담이 줄어들고 자치구 분담률이 인상되는 사례까지 나타나, 재정 부담이 광역에서 기초로 이전되는 흐름이 나타나기도 합니다.

또 다른 구조적 문제는 정책 브랜드 중심의 사업 재편입니다. '약자와의 동행'이라는 새로운 이름 아래 사업을 확대하는 과정에서, 오랜 기간 효과가 검증된 기존 복지사업들이 축소되거나 중단되는 사례가 발생하고 있습니다. 예산이 한정된 상황에서 신규 정책을 우선 배치하면서, 사회복지관과 장애인복지관 운영, 장애인 활동 지원 등 필수 복지 영역의 보조율이 매년 하향 조정되거나 50:50 매칭 방식으로 전환되었습니다. 이는 재정 여건이 취약한 자치구일수록 기존 필수 복지서비스를 유지하기조차 어려운 구조를 만들고 있으며, 지역 간 복지 격차를 오히려 고착화시키는 결과를 낳고 있습니다.

더불어 '약자'의 개념이 지나치게 포괄적으로 설정된 점도 정책 효과를 약화하는 요인입니다. 여성, 아동, 노인, 장애인뿐 아니라 청년, 신혼부부, 소상공인까지 거의 모든 계층을 약자로 포괄하면서, 전통적으로 가장 보호가 필요했던 장애인, 발달장애인, 한부모 가정, 폭력 피해자, 돌봄 공백 계층에 대한 집중 지원은 상대적으로 약화되었습니다. 그 결과 장애인 자립 지원, 공공 돌봄 체계, 취약 아동·청소년 지원 등 필수 사업의 예산이 삭감되거나 전액 감액되는 상황까지 발생하고 있습니다.

결과적으로 '약자와의 동행' 사업은 약자 보호라는 정책적 명분과 달리, 노원구와 같이 재정적으로 취약한 자치구에 더 큰 부담을 지우고, 기존의 필수 복지 기반을 약화하는 역설적 구조를 가지고 있습니다. 이는 자치구 간 재정 격차와 복지 격차를 완화하기보다는 오히려 심화시킬 위험이 있으며, 장기적으로는 사업의 지속가능성 자체를 위협할 수 있습니다. 진정한 약자 보호를 위해서는 보여주기 위한 새로운 정책 브랜드의 확장보다, 재정 여건이 열악한 지방자치단체일수록 더 두텁게 지원하는 차등적 재정 구조를 마련하고, 기존에 효과가 검증된 복지정책을 안정적으로 유지·강화하는 방향으로 정책 전환이 필요합니다.

07

약자와의 동행은 기후위기 대응부터

기후위기는 모든 시민에게 영향을 미치지만, 그 피해는 사회적 약자에게 더 빠르고, 더 강하며, 더 오래 지속되는 구조적인 불평등이 분명하게 드러납니다. 이는 개인의 생활 태도나 대응 능력의 문제가 아니라, 주거, 소득, 노동, 건강, 돌봄 등에서 이미 누적된 사회경제적 격차가 기후위기를 통해 증폭되는 결과입니다.

여름철 폭염은 단순한 불편이 아니라 주거 취약계층에게는 생명과 직결되는 위험한 재난입니다. 특히 반지하, 노후 다가구 주택 등 냉방 여건이 열악한 주거환경에 놓인 저소득층과 고령자는 무방비 상태로 폭염에 그대로 노출됩니다. 실제 서울의 폭염 사망 사례에서도 고령자, 기초생활수급자, 1인 가구 비율이 높게 나타나고 있습니다. 이는 폭염으로 인한 위험이 곧 주거 복지와 에너지 접근성의 문제와 직결된다는 점을 보여줍니다.

집중호우와 침수 피해 역시 사회적 약자에게 더 큰 상처를 남깁니다. 기후변화로 국지성 호우와 도시 침수가 반복되면서, 하천 인근과 저지대, 노후 주택 밀집 지역에 거주하는 주민들이 반복적인 피해를 보고 있습니다. 이러한 지역은 재정적 여력이 부족해 사전 대비와 사후 복구 모두에서 취약하며, 침수 피해는 일회성 사고가 아니라 빈곤의 악순환으로 이어집니다. 따라서 하수관로 정비, 빗물저류시설 확충, 재해 예방형 도시재생 사업은 단순한 기반 시설 투자가 아니라 사회적 약자를 보호하는 복지정책으로 인식되어야 합니다.

노동 취약계층과 기후위기도 중요한 쟁점입니다. 폭염과 한파는 건설노동자, 환경미화원, 배달 노동자 등 이동 노동자에게 직접적인 생계와 건강의 위협이 됩니다. 그러나 이들 상당수는 유급 휴식이나 산업재해 보호에서 배제되어 있습니다. 폭염 속에서도 일을 멈출 수 없는 노동자들에 대한 지자체 차원에서의 기후대응정책이 필요합니다.

건강과 돌봄에서도 기후위기에 의한 불평등이 더욱 심각해지고 있습니다. 열사병, 호흡기 질환, 감염병 확산 등 기후 관련 건강 위험은 고령자, 장애인, 만성질환자에게 치명적이며, 특히 독거노인이나 돌봄 사각지대에 있는 주민은 위험 신호를 조기에 발견하기 어렵습니다.

그래서 방문 건강관리, 폭염과 한파 발생 시 안부 확인 서비스, 지역 돌봄 네트워크 강화는 기후위기 시대에 생명 안전망으로서 필수적인 지자체 정책이 되고 있습니다.

이러한 현실을 종합하면, 기후위기 대응은 곧 '약자와의 동행' 정책이라는 점이 분명해집니다. 최근 수년간 기록적인 폭우와 장기화된 폭염, 평균기온의 상승 등 이상기후는 이미 서울을 포함한 도시의 일상이 되었고, 그 피해는 사회경제적 약자에게 집중되고 있습니다. 따라서 기후위기를 환경 부서의 과제로만 한정할 것이 아니라 복지, 주거, 노동, 돌봄 정책과 결합된 종합적인 사회정책으로 접근해야 합니다.

지방자치단체의 정책 대안으로는 첫째, 기후 취약계층을 명확히 설정하고 예산을 우선 배분하는 원칙이 필요합니다. 복지 예산과 기후 예산을 분리할 것이 아니라, 기후 대응 예산을 사회안전망의 일부로 인식해야 합니다. 둘째, 폭염, 폭우, 한파 대응을 중심으로 한 기후 취약지역과 취약계층에 대한 맞춤형 종합 마스터플랜을 구축해야 합니다. 셋째, 에너지 지원을 통해 재난 예방 인프라를 구축하고 노동 안전과 돌봄 서비스를 유기적으로 연계하는 부서 간 통합 행정을 해야 합니다. 마지막으로 시민 참여와 지역 협력을 통해 기후 대응을 공동의 과제로 만들어 가는 정책 설계가 요구됩니다.

결국 기후위기는 자연 현상이지만, 그 피해가 누구에게 집중되는지는 정책의 선택에 달려 있습니다. 지방자치단체가 기후위기를 사회적 약자 보호와 불평등 해소의 핵심 과제로 인식하고 적극적으로 대응할 때, 기후위기는 위기가 아니라 도시와 지역사회를 더 안전하고 포용적으로 전환하는 계기가 될 수 있을 것입니다.

08

재정자립도,
꼭 높아야 할까요?

노원구의 재정자립도는 아마 전국 최하위 수준일 겁니다. 그래서 많은 분들이 걱정을 합니다. 그런데 결론부터 이야기하면 재정자립도는 노원구의 경제 수준이나 가용 예산의 규모에 대한 지표가 되지 않습니다.

지방자치단체의 재정 상태를 이야기할 때 가장 자주 등장하는 지표가 '재정자립도'입니다. 일반적으로 재정자립도가 높을수록 자립적이고 건전한 지방정부로 인식되며, 낮을수록 중앙정부에 의존하는 취약한 구조로 평가됩니다. 그러나 이 지표는 지금의 한국 지방재정 현실을 제대로 반영하거나 설명하지 못합니다.

재정자립도는 전체 재원 중 지방세와 세외수입 같은 자주재원이 차지하는 비율입니다. 다시 말해, 자주재원이 100일 때 외부 재원이 100이면 재정자립도는 50%, 외부 재원이 200이면 33%가 됩니다. 외부 재원이 늘어날수록 실제로 사용할 수 있는 재원은 커지는데, 재정자립도는 오히려 낮아지는 아이러니한 현상입니다. 정책과 사업을 얼마나 수행할 수 있는지보다 '재원의 출처 비율'만으로 지방정부의 역량을 평가하게 되는 구조의 모순입니다.

다시 말해서 구청장이 일을 하지 않고, 서울시와 중앙정부로부터 열심히 예산을 확보하지 않으면 노원구의 재정자립도는 높아집니다.

이 문제는 한국 지방자치의 출발 조건과 깊이 연결되어 있습니다. 1995년 지방자치가 본격적으로 재개될 당시, 지역 간 경제력과 세수 기반은 이미 심각하게 불균형한 상태였습니다. 노원구를 비롯한 다수의 기초지방자치단체는 자체 재원만으로 기본 행정과 복지 수요조차 감당하기 어려운 구조였습니다. 이런 조건에서 지방자치를 출범시켰기 때문에, 국가는 지방교부세·국고보조금·조정교부금 등 재정보전제도를 함께 설계할 수밖에 없었습니다.

재정보전제도는 불균형한 출발선을 보정하기 위한 제도적 안전장치입니다. 그럼에도 재정자립도 중심의 평가는 마치 외부 재원이 많다는 이유만으로 지방정부의 재정 구조를 취약하다고 낙인찍는 결과를 낳았습니다. 특히 복지, 돌봄, 교육, 환경, 안전과 같은 필수 정책 영역에서 중앙정부 사업을 적극적으로 유치한 지방자치단체일수록 재정자립도는 낮아지는 아이러니가 발생합니다.

더 근본적인 문제는 재정 분권이 아직 충분히 이뤄지지 않았다는 점입니다. 중앙정부가 세입 구조의 대부분을 쥐고 있고, 지방정부는 위임사무와 보조사업을 수행하는 구조 속에 놓여 있습니다.

현재 노원구 입장에서 더 중요한 것은 재정자립도 수치 그 자체가 아니라, 얼마나 많은 재원을 중앙정부와 서울시로부터 확보해 주민의 삶을 개선하는 정책과 사업으로 연결시키느냐입니다. 외부 재원을 적극적으로 확보하고, 이를 지역 실정에 맞게 설계·집행하는 역량은 오히려 지방정부의 행정력과 정책 능력을 보여주는 지표입니다. 재정자립도가 낮아졌다는 이유만으로 이를 부정적으로 평가하는 것은 지방정부의 적극적인 활동을 위축시키는 결과를 낳을 수 있습니다.

물론 장기적으로 재정 분권이 강화되고, 지방정부가 실질적인 과세권과 세입 자율권을 확보하게 된다면 재정자립도의 의미는 달라질 수 있습니다. 그때의 재정자립도는 '자율성과 책임성의 지표'로서 의미를 가질 것입니다. 그러나 지금과 같은 구조에서는 재정자립도를 절대적 기준으로 삼기보다, 재정력지수, 1인당 재정 지출, 정책 성과, 주민 체감도와 함께 종합적으로 판단하는 것이 더 현실적입니다.

지방분권으로 가는 길, 서울시 다이어트

지방자치가 시작된 이후 서울시는 중앙정부를 향해 지속적으로 분권을 요구해 왔습니다. 여전히 국가 행정 구조 전반에서 중앙정부의 권한이 압도적인 상황을 고려하면, 서울시의 이러한 문제 제기는 충분히 타당한 측면이 있습니다. 그러나 동시에 간과해서는 안 될 사실은 서울시 또한 이미 다른 광역자치단체와 비교할 수 없을 정도로 막강한 권한을 보유하고 있다는 점입니다.

하지만 서울시는 중앙정부의 권한 집중에는 분권을 요구하면서, 정작 서울시 내부의 권한을 자치구와 나누는 문제에는 소극적인 태도를 보이고 있습니다.

갈수록 행정의 무게중심은 시민의 일상과 가장 가까운 자치구와 현장으로 이동하고 있습니다. 특히 약자와의 동행, 주민자치, 마을공동체 회복, 기후위기 대응과 같은 정책 과제들은 광역 차원의 구호나 계획보다 자치구의 현장성과 실행력이 성패를 좌우합니다.

서울시의 과도한 권한 집중은 현장 대응력을 떨어뜨리는 가장 큰 요인입니다. 동일하거나 유사한 사업이 서울시와 자치구에서 중복 기획·관리되며, 승인과 협의 과정이 길어져 사업 착수 자체가 지연되기도 합니다.

자치구가 지역의 특성과 주민 요구를 가장 잘 알고 있음에도, 세부 기준과 절차를 서울시가 쥐고 있어서 탄력적인 조정이 어렵고, 행정의 책임도 불분명할 때가 많습니다. 그 결과 지역별 여건에 맞는 맞춤형 정책보다는 획일적인 사업이 반복됩니다.

이제 현장 중심의 많은 영역은 서울시 중심이 아니라 자치구 중심으로 전환되어야 합니다.

이를 위해서는 서울시의 행정·예산·사업 구조 전반에 대한 재편성과 조정이 필요합니다. 서울시가 직접 기획하고 집행하던 사업 중 상당 부분을 자치구로 이양하고, 서울시는 기준 설정과 지원, 자치구 간 형평 조정에 집중하는 역할을 해야 합니다. 다시 말해 서울시의 역할을 줄이고 가볍게 만드는 '서울시 다이어트' 가 필요합니다.

서울시 다이어트는 서울시의 기능을 약화하자는 것이 아니라 자치구의 역량을 강화함으로써 서울 전체의 활력을 높이자는 것입니다. 그래야 자치구마다 특색 있는 발전이 가능해지고, 주민의 삶과 맞닿은 지방자치가 비로소 제 역할을 할 수 있을 것입니다.

권한 이양은 재정 구조 개편과 함께 이루어져야 실효성이 생깁니다. 현재와 같은 매칭 위주의 보조금 구조에서는 재정력이 약한 자치구일수록 사업 추진이 제한되고, 지역 간 격차가 고착됩니다. 서울시가 직접 집행하는 예산을 줄이고, 자치구에 안정적인 포괄 보조 방식으로 이전함으로써 자치구가 중장기 계획을 세울 수 있도록 해야 합니다. 이는 재정 책임성과 정책 창의성을 동시에 높이는 방안입니다.

행정 조직의 슬림화도 필요합니다. 서울시 본청 중심의 대규모 조직은 정책 속도를 늦추고 현장과의 거리도 너무 멉니다. 중복 기능은 과감히 정리하고, 자치구를 지원하는 소규모·전문 조직으로 재편해야 합니다. 서울시 공무원은 직접 집행자가 아니라 자치구의 조정자·지원자로 역할을 전환해야 합니다.

이제 서울의 경쟁력은 중앙집중형 행정만으론 한계가 있습니다. 25개 자치구가 각자의 특성과 강점을 살려 살아 움직일 때 도시 전체의 역동성이 커집니다. '서울시 다이어트'는 이제 서울을 더 강하게 만들기 위한 불가피한 선택입니다. 광역은 전략과 공정성을 책임지고, 기초는 현장과 실행을 책임지는 분권형 행정으로의 전환하는 것. 이것이 시민의 삶을 바꾸는 가장 현실적인 해답입니다.

3부

지방정부의 역할과 책무

01

출생 장려 정책보다는 보육 지원 확대해야

출생 억제 캠페인이 곳곳에 붙어있던 기억이 그리 오래되지 않은 듯한데 이제는 심각한 저출생을 걱정합니다.

출생 억제든 장려든 왠지 강요받는 느낌이 들어 싫다는 사람들이 많습니다.

출생율 문제의 핵심은 아이를 낳지 않게 만드는 삶의 조건에 있습니다. 이를 해결하지 못한 채 출생 자체를 독려하는 정책은 실효성이 낮을 수밖에 없습니다. 과거 출생 억제 정책이 기대만큼 성과를 내지 못했던 것처럼, 출생을 둘러싼 개인의 선택은 정책적 구호나 금전적 유인만으로 바뀌지 않습니다. 출생율 저하는 정책 실패라기보다, 양육과 돌봄의 부담이 개인과 가정에 과도하게 전가된 사회 구조의 결과라는 점을 직시해야 합니다.

출생 장려 정책이 효과를 내지 못하는 가장 큰 이유는 "아이를 키우기 어렵기 때문"입니다. 출산 장려금이나 출생 축하금 등 일회성 지원은 아이를 낳는 순간에는 도움이 될 수 있지만, 이후 지속되는 보육과 교육, 돌봄의 부담을 해결해 주지 못합니다. 결국 부모들은 '낳을 수 있느냐'보다 '키울 수 있느냐'를 먼저 고민하게 되고, 이 질문에 확신이 없을수록 출산을 미루거나 포기하게 됩니다. 출생을 강조하는 정책이 오히려 출산을 강요하는 느낌을 주고 사회적 반발을 낳는 이유도 여기에 있습니다.

따라서 출생율을 높이기 위해서는 태어날 아이의 수를 늘리는 정책보다, 태어난 아이들이 행복하게 자랄 수 있는 보육과 돌봄의 사회적 기반을 먼저 구축하는 것이 중요합니다. 아이가 태어나면 국가와 사회, 특히 지방자치단체가 책임지고 함께 키운다는 신뢰가 형성될 때, 출산은 개인의 과도한 부담이 아닌 사회적으로 존중받는 선택이 됩니다. 이는 출생을 독려하기보다, 출산 이후의 삶에 대한 불안을 해소하는 접근입니다.

지방정부는 어린이집 등 돌봄 시설을 확충하고, 야간, 주말, 긴급 돌봄과 같은 생활 밀착형 보육 서비스와 맞벌이 가정을 고려한 유연한 돌봄 체계를 갖추고 지원하는 일을 합니다.

출생과 관련한 지방정부의 지원과 사업은 중앙정부의 일률적 정책보다 중요하고 주민이 느끼는 온도는 높습니다. 또한 보육 종사자의 처우 개선과 안정적인 인력 확보는 서비스의 질을 높여 부모의 신뢰를 쌓는 핵심 요소이기도 합니다. 이러한 보육 지원 정책이 일상에서 작동할 때, "아이를 낳아도 된다"는 사회적 메시지가 자연스럽게 전달될 것입니다.

결국 출생율 제고의 출발점은 출생 장려가 아니라 보육에 대한 확실한 공적 책임입니다. 태어날 아이의 수를 늘리려 하기보다, 이미 태어난 아이들이 안전하고 행복하게 자랄 수 있는 구조를 만드는 것, 그리고 그 책임을 지방정부가 주민 가까이에서 실현하는 것이 지속 가능한 출생율 회복의 길이라 할 수 있습니다.

02

구립 어린이병원이 필요합니다

출생율을 높이기 위해서는 태어난 아이들이 행복하고 안전해야 하며, 이를 위해 자치구 차원의 소아 진료 대책과 구립 어린이병원이 필요합니다.

출생율 저하 문제를 해결하기 위한 논의는 오랫동안 출산 장려금이나 일회성 지원 정책에 집중되어 왔습니다. 그러나 이제는 관점을 전환할 필요가 있습니다. 아이를 낳게 만드는 정책보다 더 중요한 것은, 태어난 아이가 지역사회 안에서 안전하게 자라고, 언제든 적절한 의료 서비스를 받을 수 있다는 신뢰를 부모에게 주는 것입니다. 아이가 행복하고 건강하게 자랄 수 있다는 확신이 있을 때, 출산은 개인의 선택을 넘어 사회적으로 가능한 일이 됩니다.

하지만 현실은 그와 거리가 멀기만 합니다. 출생아 수 감소와 낮은 수익성 등 구조적 이유로 인해 소아청소년과 진료는 의료계에서 점점 기피 분야가 되고 있으며, 그 결과 지역 내 소아 진료 기관 자체가 줄어들고 있습니다. 특히 소아는 예측할 수 없는 시간에 갑작스럽게 아프거나 응급 상황이 발생하는 경우가 잦지만, 정작 야간과 휴일에 이용할 수 있는 소아 진료 기관은 매우 제한적인 실정입니다. 이로 인해 부모들은 아이가 아플 때마다 "어디로 가야 하는지"부터 걱정해야 하는 상황에 놓이게 됩니다.

지방의 경우 기초지방정부가 설립·운영하는 의료원이 지역 공공의료의 역할을 일정 부분 담당하고 있지만, 서울은 공공의료 운영 주체가 서울시에 한정되어 있으며 자치구 차원의 공공병원은 존재하지 않습니다. 이 구조에서는 지역별 특성과 수요를 반영한 세밀한 소아 의료 대응이 어렵고, 결국 소아 진료 공백은 자치구 단위에서 반복적으로 발생할 수밖에 없습니다.

이러한 상황에서 기초지방정부 특히 서울의 자치구들은 소아 진료가 가능한 어린이병원을 직접 운영하는 것에 대한 면밀한 정책적 검토를 해야 합니다.

어린이병원은 수익성 중심의 민간 의료기관이 감당하기 어려운 영역을 공공이 책임지는 구조로, 24시간 응급 소아 진료, 야간과 휴일 진료, 필수 예방과 기초 진료 등을 안정적으로 제공할 수 있습니다. 이는 단순히 의료 인프라 확충의 문제가 아니라, 지역사회가 아이의 생명과 건강을 공동으로 책임진다는 명확한 메시지이기도 합니다.

자치구는 지역 내 소아 인구 규모와 의료 수요를 가장 잘 파악할 수 있는 행정 주체로서, 소아 진료 공백을 최소화하기 위한 정책을 주도적으로 설계해야 합니다. 구립 어린이병원 설립을 중장기 목표로 삼는 동시에, 단기적으로는 공공성과 연계된 소아 진료 네트워크를 구축하고 응급진료와 야간 진료 지원, 의료 인력 유인책 마련 등을 통해 지역 내 소아 의료 접근성을 높여야 합니다.

궁극적으로 소아 진료가 가능한 구립 어린이병원 설립은 그 어떤 출생 장려 정책보다도 근본적인 저출산 대응 정책입니다. 아이가 아플 때 제때 치료받을 수 있는 마을, 부모가 의료 공백을 걱정하지 않아도 되는 지역사회는 출생율 논의의 전제조건입니다. 출산 이후의 삶을 국가와 지방정부가 함께 책임진다는 신뢰가 쌓일 때, 비로소 출생율 문제 역시 해결의 실마리를 찾을 수 있을 것입니다.

보육과 교육에 대한 지원의 확대와 함께 아이들이 건강하게 자랄 수 있는 토대를 만들어 주는 것. 이제는 기초지방정부가 설계하고 추진할 일입니다.

03

필요할 땐 닫혀있는 공공시설

많은 예산을 투입해 조성한 공공 문화·복지·체육시설이 정작 공무원 근무시간에 맞춰 운영되면서 주민의 실제 생활시간과 어긋나는 문제는 여러 지자체에서 반복되고 있습니다. 수백억 원의 건축비가 들어간 시설임에도 불구하고 야간이나 주말, 명절에는 문을 닫아 정작 필요할 때 이용하지 못하는 상황이 발생하고 있습니다.

이 문제는 단순한 운영 시간의 불편을 넘어, 공공시설의 효용성과 재정 투자의 정당성에 대한 질문으로 이어집니다. 주민 입장에서는 "필요할 때 닫혀 있는 시설"이 되고, 지자체 입장에서는 막대한 예산을 투입하고도 활용도가 낮은 자산을 떠안게 됩니다.

수락산 스포츠타운 준공

공무원 초과근무를 통해 해결하기에는 한계가 분명합니다. 초과근무는 지속 가능하지 않고, 노동조건 악화로 이어질 수 있으며, 인력 운영 측면에서도 효율적이지 않습니다. 그렇다고 안전과 보안 등의 문제로 시설을 이용자 자율에만 맡기는 것도 현실적인 대안이 되기 어렵습니다. 결국 핵심은 '누가, 어떻게, 언제' 운영할 것인가에 대한 구조적 전환입니다.

시설의 효용성을 높이고 이용자 편의를 확대하기 위한 현실적인 방안으로는 운영 주체의 다원화와 유연한 인력 운영이 필요합니다. 마을 공동체, 사회적경제 조직, 비영리단체 등이 운영에 참여하고, 지자체는 관리, 감독과 재정 지원 역할을 맡는 방식입니다. 특히 실무 운영을 담당하는 인력에 대해 시간제와 교대제 채용을 도입하면, 야간과 주말 운영이 가능해질 뿐 아니라 지역 내 일자리 창출이라는 부가 효과도 기대할 수 있습니다.

이 과정에서 지방정부의 역할은 매우 중요합니다. 첫째, 공공 시설을 단순한 '행정 자산'이 아니라 주민의 생활 인프라로 재정의해야 합니다. 둘째, 운영 시간과 방식에 대해 주민 수요 조사를 정례화하고, 생활 패턴에 맞춘 탄력적 운영 기준을 제도화해야 합니다. 셋째, 공동체 위탁 운영 시 책임과 권한을 명확히 하고, 안전·보안·회계에 대한 표준 매뉴얼을 마련해 운영의 안정성과 공공성을 동시에 확보해야 합니다.

결국 공공시설의 문제는 건물의 문제가 아니라 운영 철학의 문제입니다. 주민이 필요로 하는 시간에 맞춰 시설이 열릴 때, 비로소 공공시설은 '세금으로 지은 건물'을 넘어 지역의 살아 있는 자산이 됩니다. 지방정부는 직접 운영의 한계를 인정하고, 지역사회와 역할을 나누는 방식으로 전환할 때, 시설의 효용성과 주민 만족도, 그리고 지역 일자리라는 세 가지 목표를 동시에 달성할 수 있습니다.

04

지역사회엔 다양한 일자리가 필요합니다

국가 차원에서는 대기업과 혁신 산업을 중심으로 한 '좋은 일자리'가 매우 중요합니다. 이는 높은 생산성과 전문성을 바탕으로 국가 경쟁력을 높이고, 능력 있는 청년들에게 성장의 기회를 제공하는 핵심 기반입니다. 그러나 좋은 일자리는 본질적으로 경쟁을 전제로 합니다. 학력, 경력, 나이, 신체 조건 등에서 우위를 가진 사람들부터 채워지기 때문에, 일자리가 늘어나더라도 모든 사람이 그 혜택을 누리지 못합니다.

지역사회에는 대학생, 장애인, 경력단절 여성, 주부, 퇴직한 장년층과 노년층 등 다양한 삶의 조건을 가진 사람들이 함께 살아갑니다. 이들은 대기업이나 고임금 정규직 일자리 경쟁에서 자연

어르신 일자리 확대

스럽게 밀려나기 쉽고, 그 결과 '일자리는 늘어나는 데 갈 곳은 없는' 구조가 반복됩니다. 이는 개인의 문제가 아니라 사회 구조의 문제이며, 방치할 경우 지역의 불안정과 사회적 비용 증가로 이어집니다.

따라서 사회적으로 다양한 일자리가 필요합니다. 다양한 일자리는 생산성만으로 가치를 판단하지 않습니다. 지역사회에는 정규직이 아니어도, 고임금이 아니어도, 개개인의 삶의 리듬과 능력에 맞게 참여할 수 있는 일자리들이 필요하고 이런 일자리들은 사람들을 연결하고 관계를 유지하게 합니다. 그리고 개별적으로 보면 생산성이 낮아 보일 수 있지만, 사회 전체로 보면 참여와 동행을 통해 공동체를 안정시키는 중요한 역할을 합니다.

특히 노인 일자리는 단순한 소득 보전 정책을 넘어섭니다. 일에 참여하는 노년층은 건강을 유지하고 사회적 관계를 넓혀주며, 이는 의료비와 돌봄 비용 감소로 이어져 사회 전체의 부담을 줄이는 효과를 냅니다. 그래서 다양한 일자리는 복지 지출을 늘리는 정책이 아니라, 장기적으로 사회적 비용을 줄이는 투자에 가깝습니다.

이러한 다양한 일자리를 만드는 데 있어 지방자치단체의 역할은 매우 중요합니다. 국가는 거시적 산업 정책과 좋은 일자리 창출에 집중할 수밖에 없지만, 지자체는 지역 주민의 삶의 조건과 일상에 가장 가까이 있는 주체이기 때문입니다.

지자체는 지역의 공공시설과 생활 인프라를 활용해 일자리를 만들 수 있습니다. 예를 들어 문화·복지·체육시설의 야간 및 주말 운영을 확대하면 주민 이용 편의가 높아질 뿐 아니라, 시간제·유연근무 형태의 일자리가 자연스럽게 생겨납니다. 이는 대규모 예산 없이도 지역 맞춤형 일자리를 창출할 수 있는 현실적인 방식입니다.

또한 지자체는 창업 일변도의 정책에서 벗어나, 소기업이 중소기업으로, 중소기업이 중견기업으로 안정적으로 성장할 수 있는 산업 생태계를 조성해야 합니다. 단기적인 창업 숫자 늘리기는 오히려 불안정한 고용을 양산할 수 있으며, 지역의 지속 가능한 일자리 기반을 약화시킬 수 있습니다. 전망 있는 중소기업의 전문성 있는 일자리를 발굴하고, 지역 인재와 연결하는 것이 지자체의 중요한 책무입니다.

지자체의 일자리 정책은 '잘난 사람만을 위한 경쟁'을 보완하는 역할을 해야 합니다. 잘난 사람은 국가 경쟁력을 이끄는 중요한 자산이지만, 함께 일할 수 있는 사회가 만들어질 때 공동체는 지속됩니다. 다양한 일자리는 지역 안에서 사람들이 배제되지 않고 역할을 가지게 하며, 이것이 곧 마을을 안정시키고 사회를 단단하게 만드는 힘이 됩니다. 이것은 국가 정책이 채우지 못하는 틈을 메우는 매우 중요한 지방자치단체의 역할입니다.

05 40년 동안 변함없는 경로당 분위기

경로당의 풍경은 오랜 시간 크게 달라지지 않았습니다. 문을 열면 마주하는 어둡고 조용한 공간, 몇몇이 둘러앉아 담소를 나누거나 화투를 치는 모습은 40년 전이나 지금이나 비슷합니다. 세상은 디지털 기술과 함께 빠르게 변화하고 있지만, 경로당만큼은 여전히 과거에 머물러 있는 듯합니다. 이 간극은 단순한 세대 차이를 넘어, 어르신의 삶이 사회 변화에서 점점 멀어지고 있음을 보여줍니다.

경로당은 어르신 복지의 가장 가까운 현장이자 지역공동체의 핵심 공간입니다. 그럼에도 불구하고 현재의 경로당은 '활동하는 공간'이라기보다 '머무는 공간'으로 기능하고 있습니다. 초고령사회로 접어든 지금, 경로당의 역할을 다시 정의하지 않는다면 어르신의 고립과 무기력, 소외는 더욱 심해질 수밖에 없습니다. 이제 경로당은 노후를 조용히 보내는 장소가 아니라, 다시 사회와 연결되고 삶의 활력을 회복하는 공간으로 전환되어야 합니다.

그동안 지방정부의 경로당 정책은 주로 난방비와 운영비 지원, 시설 유지관리 등 기본적인 관리 차원에 머물러 왔습니다. 이는 경로당 운영을 위한 최소한의 조건이지만, 어르신의 삶의 질을 근본적으로 변화시키기에는 한계가 있습니다. 단순한 보호와 관리 중심의 정책을 넘어, 어르신이 스스로 참여하고 움직일 수 있는 구조로의 전환이 필요합니다.

이를 위해 먼저 경로당의 공간을 바꿀 필요가 있습니다. 획일적이고 폐쇄적인 구조에서 벗어나 밝고 개방적인 분위기로 개선하고, 소모임과 다양한 활동이 가능하도록 공간을 재구성해야 합니다. 카페형 공간이나 소규모 모임이 가능한 구조로의 전환은 큰 비용 없이도 경로당의 이미지를 바꾸고 이용률을 높일 수 있습니다. 공간의 변화는 곧 어르신의 인식과 행동의 변화를 끌어낼 수 있습니다.

프로그램의 변화도 필요합니다. 화투와 바둑 중심의 제한적

   너는 왜 정치를 하니?

중계종합사회복지관

인 활동에서 벗어나 생활체육, 치매 예방, 문화와 취미 활동 등으로 프로그램을 확장해야 합니다. 더 나아가 어르신이 가진 경험과 재능을 나누는 참여형 프로그램을 도입한다면, 경로당은 단순한 복지시설이 아니라 배움과 나눔의 공간으로 자리 잡을 수 있습니다. 어르신은 돌봄의 대상이 아니라 지역사회의 중요한 구성원이자 활동의 주체라는 인식 전환이 필요합니다.

아울러 경로당을 지역사회에 개방해 마을의 소통 공간으로 활용할 필요가 있습니다. 인근 복지시설, 도서관, 학교 등과 연계한 프로그램을 운영하고, 세대가 함께하는 활동을 통해 경로당이 지역공동체의 거점으로 기능하도록 해야 합니다. 경로당이 활력을 되찾으면 어르신의 고립은 줄어들고, 마을 전체의 관계망은 더욱 단단해집니다.

활력있는 경로당으로의 전환은 추가적인 비용 부담이 아니라 미래를 위한 투자입니다. 어르신의 우울과 고립을 예방하고, 돌봄과 의료비 부담을 줄이며, 지역공동체를 건강하게 만드는 효과를 가져옵니다. 정책의 방향만 바꾸어도 경로당은 가장 빠르게 변화할 수 있는 공간이자, 초고령사회에 대응하는 핵심 정책 수단이 될 수 있습니다.

이제 경로당을 조용히 시간을 보내는 곳에서 벗어나, 다시 삶을 시작하고 사회와 연결되는 공간으로 바꿔야 합니다. 활력있는 경로당은 어르신만을 위한 변화가 아니라, 우리 지역과 사회 전체의 미래를 위한 변화입니다.

생활체육 지원은
지방정부의 공공 책무

"나는 운동도 안 하는데 내 세금을 왜 허투루 쓰느냐"

체육시설이나 생활체육의 지원사업에 대해 이의를 제기하는 시민들이 종종 있습니다.

하지만 생활체육을 지원하고 육성하는 것은 선택적인 정책 영역이 아니라, 지방정부가 반드시 수행해야 할 공공의 책무에 해당합니다. 그래서 생활체육 시설이나 사업을 두고 형평성에 대한 문제를 제기하는 것은 생활체육의 공공적 가치와 장기적 효과를 충분히 반영하지 못한 접근이라고 생각합니다.

생활체육은 단순히 운동을 좋아하는 일부 주민을 위한 서비스가 아니라, 지역 전체의 활력과 건강 수준을 끌어올리는 기반 정책입니다. 주민들이 일상 속에서 쉽게 접근할 수 있는 체육 활동은 신체 건강을 증진시킬 뿐 아니라, 스트레스 완화, 우울감 감소, 사회적 관계 형성 등 정신적·사회적 건강에도 긍정적인 영향을 미칩니다. 이는 곧 지역공동체의 결속을 강화하고, 고립과 단절로 인한 사회 문제를 예방하는 효과로 이어집니다.

특히 중요한 점은 생활체육에 대한 투자가 장기적으로 사회적 비용을 절감하는 '남는 장사'라는 사실입니다. 규칙적인 신체 활동은 만성질환 발생률을 낮추고, 의료 이용을 줄이며, 고령화 사회에서 급증하는 의료·돌봄 비용을 완화하는 역할을 합니다. 단기적으로는 시설 건립과 운영에 예산이 투입되지만, 중장기적으로 보면 의료비 지출 감소, 노동 생산성 유지, 복지 지출 완화 등으로 사회 전체의 재정 부담을 줄이는 효과가 발생합니다. 이러한 관점에서 생활체육 정책은 복지·보건·재정 정책과 분리된 영역이 아니라, 서로 맞물려 작동하는 핵심 정책 수단이라 할 수 있습니다.

세계적으로도 생활체육의 중요성에 대한 인식은 꾸준히 강화되고 있습니다. 많은 국가와 도시들이 엘리트 체육 중심에서 벗어나, 누구나 참여할 수 있는 생활체육 중심의 정책으로 전환하고 있으며, 이는 건강 형평성 제고와 사회 통합이라는 목표와 맞닿아 있습니다. 이러한 흐름 속에서 지방정부는 중앙정부 정책을 단순히 집행하는 수준을 넘어, 지역 여건에 맞는 생활체육 모델을 설계하고 실현할 책임이 있습니다.

지방정부의 책무는 단순히 체육시설을 건립하는 데 그치지 않습니다. 접근성이 좋은 생활권 체육 인프라를 확충하고, 나이와 성별과 소득 수준에 관계없이 참여할 수 있도록 학교와 마을과 시설을 연계한 프로그램을 설계하여, 생활체육이 일상에 자연스럽게 스며들도록 해야 합니다.

생활체육 동호회와 지역 체육 단체를 지원해 주민 주도의 활동이 지속될 수 있는 생태계를 만드는 것 역시 중요한 역할입니다.

결국 생활체육을 지원·육성하는 것은 특정 종목이나 일부 이용자를 위한 혜택이 아니라, 모든 주민의 건강권을 보장하고 지역의 지속가능성을 높이기 위한 공공투자입니다. 지방정부가 생활체육을 적극적으로 책임지고 추진해야 하는 이유는 여기에 있으며, 이는 비용이 드는 정책이 아니라 사회 전체에 이익을 돌려주는 필수 정책이라 할 수 있습니다.

자치구도 기후예산제
실시해야 합니다

「서울특별시 기후예산제 운영에 관한 조례」를 대표 발의하여 제정했습니다. (2023년 제321회 정례회)

기후예산제는 지방자치단체가 예산과 기금을 편성, 집행, 결산하는 전 과정에서 각 정책과 사업이 온실가스 감축에 어떤 영향을 미치는지를 사전에 분석하고, 그 결과를 예산 편성에 반영한 뒤, 집행 결과를 다시 평가하고 환류하는 제도입니다. 기후예산제는 '기후 관련 사업'에 얼마를 쓰는지를 따지는 것이 아니라, 도로, 건설, 복지, 교통, 도시재생 등 모든 정책 영역의 예산이 기후위기 대응에 기여하는지 여부를 구조적으로 점검하는 것이 핵심입니다.

그래서 저는 조례를 제정하여 제도화했습니다. 기후예산서(사전 분석)와 기후결산서(사후 평가)를 매년 작성하여 제출하도록 하고, 개별 사업의 온실가스 감축량을 서울시 전체 감축목표와 연계해 관리하도록 규정했습니다.

기후위기는 선언과 목표만으로 극복되지 않습니다. 탄소중립 목표를 구체적으로 세워도 예산이 기존 관행대로 편성되면 실질적인 감축은 이루어지기 어렵습니다. 기후예산제는 "돈이 어디에 쓰이는가"를 통해 기후정책의 진정성을 검증하는 장치입니다.

기후예산제를 통해 정책 간 충돌을 사전에 차단할 수도 있습니다. 많은 정책과 사업안에는 한쪽에서는 탄소중립을 외치면서 다른 한쪽에서는 온실가스를 증가시키는 토목, 교통사업 등을 대규모로 진행하는 모순이 있습니다.

기후예산 분석 과정을 통해, 예산 집행 과정에서 드러날 수 있는 문제를 사전에 조정함으로써 기후위기 대응을 '환경 부서의 일'이 아니라 전 부서의 공통 책무로 전환시키는 효과를 가져올 수 있습니다.

기후예산제는 의회와 시민에 대한 책임성과 투명성을 강화합니다. 서울시 조례는 기후예산제 운영 결과와 성과를 시민에게 공개하고, 시의회에 예산서와 결산서를 제출하도록 의무화했습니다. 이는 기후정책이 선언적 구호에 머무르지 않고, 수치와 성과

기후예산제

로 평가받는 행정으로 진화하는 기반을 조성합니다.

지방자치단체가 기후예산제를 실효성 있게 운영하려면 세 가지 단계가 요구됩니다.

첫째, 전 부서 예산을 대상으로 한 기후영향 분류체계의 구축입니다. 각 사업을 온실가스 감축 사업, 중립 사업, 배출 증가 사업 등으로 분류하고, 감축 효과를 정량적, 정성적으로 분석해야 합니다. 서울시 조례는 이를 위해 지침서를 마련하고, 기후예산서 작성 기준을 명확히 했습니다.

둘째, 예산 편성 단계에서부터 실질적으로 반영해야 합니다.

분석 결과가 단순 보고서로 끝나지 않도록, 감축 효과가 낮거나 배출을 유발하는 사업은 구조를 개선하거나 우선순위를 조정해야 합니다. 이는 기후예산제를 '사후 평가 제도'가 아닌 재정 의사결정 도구로 만드는 핵심입니다.

셋째, 결산과 환류를 통해 정책을 개선해야 합니다. 집행 이후 실제 온실가스 감축 효과를 평가하고, 그 결과를 다음 연도 예산 편성에 반영해야 합니다. 서울시 조례는 이 환류 과정을 제도적으로 명시해, 단년도 성과에 그치지 않고 중장기 탄소중립 목표 달성으로 연결되도록 하고 있습니다.

서울시는 조례 제정 이후 모든 예산사업을 대상으로 기후영향을 분석하고, 기후예산·결산서를 시의회에 제출해야 합니다. 특히 시범 사업 수준에 머물던 온실가스 감축인지 예산을 법적 의무로 전환했다는 점에서 의미가 있습니다.

기후예산제는 새로운 예산 항목을 만드는 제도가 아니라, 기존 예산을 기후위기 대응의 관점에서 다시 읽고 재배치하는 제도입니다. 지방자치단체가 이를 충실히 운영할 경우, 기후정책은 선언이 아니라 재정과 행정 전반을 관통하는 핵심 기준이 될 수 있습니다.

서울시의회에서 조례를 제정하고 제도화하긴 했지만, 서울시가 얼마나 적극적으로 실천하고 있느냐 하는 문제는 논외로 합니다. 왜냐하면 미흡하게나마 기후예산제를 실시하는 것만으로도 기후위기 시대에 지방정부가 어떻게 재정을 통해 책임 있는 기후행정을 구현할 수 있는지를 보여주는 중요한 출발점이기 때문입니다.

그리고 기후위기를 극복하는 일은 현장에서의 역할과 실천이 중요합니다. 그래서 이제는 광역 단위가 아니라 기초자치단체에서도 기후예산제를 시행해야 하는 이유입니다.

생대
방차먼저!

4부

자족도시
노원으로 가는 길

교육경비 지원 확대는 미래를 위한 핵심 전략

노원구의 교육경비 지원 확대는 단순한 예산 조정의 문제가 아니라, 인구 감소와 도시 활력 저하라는 구조적 위기에 대응하기 위한 핵심적인 미래 전략입니다.

지난해 서울시 자치구 간 교육경비 지원 규모를 보면, 지역에 따라 감당하기 어려운 수준의 격차가 발생하고 있습니다. 강남구는 매년 200억 원 내외의 교육경비를 편성하는 반면, 노원구는 2025년 기준 9억 원 수준에 그치고 있습니다. 이는 단순한 재정 규모의 차이를 넘어, 아이들이 성장하는 교육환경 자체가 지역에 따라 크게 달라지고 있음을 보여줍니다. 특히 노원구와 재정 여건이 크게 다르지 않은 동대문구나 중랑구가 150억 원 내외의 교육경비를 편성하고 있다는 점은, 노원구의 교육 투자 수준이

상대적으로 얼마나 뒤처져 있는지를 분명히 보여줍니다.

이러한 교육환경의 격차는 곧 인구 구조 변화로도 이어집니다. 젊은 학부모 세대는 주거비나 교통 여건 못지않게 교육환경을 중요한 정주 요인으로 고려합니다. 교육 여건이 안정적이고 미래 교육에 대한 투자가 이루어지는 지역으로 인구가 이동하는 것은 자연스러운 흐름입니다. 노원구의 인구 감소 원인 가운데 교육환경이 지속적으로 지적되는 이유도 여기에 있습니다. 교육에 대한 신뢰가 약화되면 도시는 더 이상 '아이를 키울 수 있는 공간'으로 선택받기 어렵습니다.

대한민국은 헌법이 보장한 의무교육 국가입니다. 모든 아이들이 지역과 가정환경에 관계없이 동등한 교육환경에서 성장할 권리를 가집니다. 국가는 물론 교육청 역시 교육의 균형과 평등을 실현할 책임이 있습니다. 그러나 현실에서는 교육청의 주요 교육사업마저도 상당수가 자치구와의 매칭 방식으로 추진되면서, 재정 여건이 열악한 자치구일수록 교육환경 개선에서 배제되는 구조에 놓여 있습니다. 재정력이 충분한 자치구는 매칭 부담을 감당하며 추가 지원을 받을 수 있지만, 노원구와 같은 지역은 동일한 비율의 부담을 감당하지 못해 사업 자체를 포기해야 하는 상황에 놓입니다.

교육

　의무교육을 하는 나라에서 기울어진 운동장을 바로 세우기 위한 책무는 국가와 교육청에 있지만, 교육청의 정책이 오히려 자치구 간 교육환경 양극화를 확대시키고 있는 것입니다. 하지만 그 책임 공방을 하며 원칙만 주장하기엔 현실이 그리 녹록지 않습니다.

　이러한 구조 속에서 노원구는 더 이상 외부 정책 변화만을 기다릴 수 없는 상황에 놓여 있습니다. 결국 노원구가 스스로 책임을 지고 미래를 준비해야 합니다.

노원구의 교육경비 지원 확대는 선택의 문제가 아니라 생존과 전환의 문제입니다. 교육경비를 과감히 확대하는 것은 젊은 학부모 세대의 유입을 촉진해 인구 감소를 완화하고 도시의 지속가능성을 회복하기 위한 전략이며, 자치구 간 교육환경 격차가 사회 양극화로 이어지는 흐름을 차단하기 위한 최소한의 공공 개입입니다. 그리고 이는 교육자치의 관점에서 노원구가 아이들의 성장 환경에 대해 책임 있는 주체로 나서겠다는 선언이기도 합니다.

교육은 단기간에 성과가 나타나는 사업이 아니라, 도시의 미래를 좌우하는 장기적인 투자입니다. 지금의 낮은 교육경비 수준을 유지한다면 노원구의 인구 감소와 도시 활력 저하는 더 가속화될 수밖에 없습니다. 반대로 교육경비 지원을 전략적으로 확대하고, 학교 현장에서 체감할 수 있는 교육환경 개선과 미래형 교육프로그램에 집중한다면 노원구는 다시 젊은 세대가 선택하는 도시, 아이 키우기 좋은 도시로 전환할 수 있습니다. 이러한 점에서 교육경비 지원 확대는 단순한 예산의 증액이 아니라, 노원구의 미래를 준비하는 가장 확실한 핵심 투자전략이라 할 수 있습니다.

02 재건축은 노원의 미래를 설계하는 것

1980~1990년대 주택공급 계획의 일환으로 추진된 노원구의 아파트 단지는 건립 목적이 주거단지 조성이었습니다. 그러다 보니 교통인프라도 갖추지 않고 생활 기반 시설도 부족한 상태에서 서둘러 아파트가 지어졌고 입주를 했습니다.

지금은 시대가 바뀌고 생활환경도 바뀌어 이제 주택은 단순히 머물고 잠자는 곳이 아니라 일을 하고, 문화와 레저를 즐기는 스마트 공간이 되었고 마을은 복합적인 개념을 충족하는 자족도시로 향해가고 있습니다.

노원구의 재건축과 재개발 또한 단순히 낡은 집을 새로 짓는 주거정비사업이 아니라 도시의 체질을 바꾸고 노원의 미래를 다시 설계하는 차원에서 진행되고 있습니다.

이제 재건축과 재개발은 '어떻게 지을 것이냐'가 아니라 '무엇으로 채울 것이냐'를 구상하는 도시계획과 정책으로 접근해야 합니다.

그러기 위해서 '나의 공간'에서 '우리의 공간'으로, '내 집의 가치'에서 '노원의 가치'를 생각하는 패러다임의 변화가 필요합니다. 그래야 노원의 재건축 재개발 사업은 성공할 수 있습니다.

공공기여에 대한 정책의 전환도 필요합니다.

공공기여는 도시계획 변경에 따른 지가 상승 등 개발이익을 기부채납 등의 방법으로 환수하는 제도입니다. 이에 대해 현장에서 갈등이 표출되자 국토부는 지난해 3월 일관되고 합리적으로 운영할 수 있도록 '공공기여 가이드라인'을 마련 발표했습니다.

기부채납이나 공공기여라는 제도는 과도한 개발이익에 대한 환수가 목적이었습니다. 그리고 그 이익은 지역사회와 공유한다고 되어 있습니다.

하지만 노원구는 눈덩이처럼 커진 자부담이 부담되어 개발을 주저하게 만들고 개발을 하더라도 분양 이익에만 혈안이 되어 자칫 지역의 가치를 떨어뜨릴까 염려됩니다.

공공기여 이익의 지역사회와의 공유도 국가의 재정으로 책임

월계동 재건축 정비사업

저야 할 공공청사가 차지함으로서 그 이익이 제대로 지역사회와 공유되었다고 보기 어렵습니다.

공공기여가 나름대로 의미 있는 제도라고 여겨지지만, 시장의 상황에 따라, 지역의 입지적 편차에 따라 적용의 범위와 기준을 세분할 필요가 있습니다.

그리고 공공기여 된 이익은 공공청사가 아니라 기반 시설을 구축하고 자족도시로 가기 위한 사회적 인프라를 구축하는데 사용되어야 합니다.

　자족도시Self-Sufficient City는 주민들이 주거, 직장, 교육, 문화 등 일상생활에 필요한 모든 기능을 도시 내부에서 해결할 수 있는 도시를 의미합니다.

　과거의 위성도시들이 잠만 자는 '베드타운Bed Town' 역할에 머물렀던 것과 달리, 자족도시는 도시 안에서 경제·사회·문화 등에 대한 욕구를 충족할 수 있어야 합니다. 노원구가 재건축, 재개발을 진행하며 추구해야 할 미래의 도시입니다.

03

자족도시로 가는
지역순환경제

지역순환경제는 자족도시를 실현하기 위한 핵심적인 경제 구조이자 운영 방식입니다. 자족도시가 '도시 안에서 일하고, 소비하고, 돌보며 살아갈 수 있는 구조'를 지향한다면, 지역순환경제는 그 구조를 실제로 작동하게 만드는 경제적 혈관과 같습니다. 지역에서 생산된 재화와 서비스가 지역 안에서 소비되고, 그 수익이 다시 지역의 일자리와 복지, 환경에 대한 투자로 이어질 때 도시는 외부 의존도를 낮추고 지속 가능한 자립 기반을 갖추게 됩니다. 이 과정에서 자치구는 단순한 행정 단위를 넘어 하나의 생활경제권, 생활공동체로서 기능합니다.

지방정부 차원에서 순환경제가 필요한 이유는 분명합니다. 현재의 도시 경제 구조는 대규모 외부 자본과 플랫폼, 중앙 집중형 유통망에 과도하게 의존하고 있습니다. 그 결과 지역 내 소비는 늘어도 부가가치는 지역에 남지 않고 빠져나가며, 소상공인과 골목상권은 구조적으로 취약해집니다. 순환경제는 이러한 흐름을 바꾸는 정책적 대안입니다. 지방정부가 공공 조달과 지역화폐, 사회적경제 조직, 마을기업, 협동조합 등을 활용해 지역 내부 거래를 촉진하면, 같은 예산과 같은 소비라도 지역 내 고용과 소득을 키우는 효과를 낼 수 있습니다.

순환경제는 지구 환경 문제에 대한 실질적인 해법이기도 합니다. 대량생산과 대량소비 그리고 대량 폐기의 선형경제 구조는 자원 고갈과 기후위기의 주요 원인입니다. 반면에 순환경제는 재사용, 수리, 공유, 업사이클링, 지역 내 자원 재순환을 통해 자원 채굴과 운송, 폐기 과정에서 발생하는 탄소 배출을 줄여줍니다. 지방정부 단위에서 음식물쓰레기 감량, 자원순환센터, 공유경제 인프라, 지역 에너지 순환 사업 등을 추진하는 것은 작은 정책처럼 보이지만, 생활 속에서 탄소 배출을 줄이고 시민의 환경 감수성을 높이는 강력한 실천입니다. 그래서 순환경제는 환경 정책이자 생활 정책입니다.

순환경제가 지방정부 경제에 미치는 영향은 특히 고용과 지역 산업 구조에서 뚜렷하게 나타납니다. 대기업 중심의 외부 투자 유치는 일자리의 양과 질이 불안정한 경우가 많지만, 지역 기반 순환경제는 돌봄, 재활용, 수리, 지역 먹거리, 문화·관광, 사회서비스 등 생활 밀착형 일자리를 지속적으로 만들어냅니다. 이는 고령자, 경력단절 여성, 청년 등 다양한 계층이 참여할 수 있는 포용적 경제 구조로 이어지며, 복지 지출을 줄이고 지역공동체의 회복력을 높이는 선순환을 만듭니다.

최근 글로벌에서 글로컬을 거쳐 다시 로컬로 흐름이 이동하는 이유 역시 여기에 있습니다. 팬데믹, 기후위기, 국제 분쟁은 글로벌 공급망의 취약성을 여실히 드러냈고, 먼 곳에 의존하는 경제 구조가 얼마나 불안정한지 보여주었습니다. 이로 인해 전 세계적으로 지역 기반 생산과 소비, 에너지와 식량의 지역 자립, 생활권 중심 경제가 다시 주목받고 있습니다. 글로컬은 글로벌 가치를 공유하되 실행은 지역에서 하자는 전략이고, 그다음 단계로서 로컬은 '위기에도 흔들리지 않는 생활 기반'을 뜻합니다. 자치구의 순환경제 정책은 이 거대한 변화 속에서 가장 현실적이고 실행 가능한 대응 전략입니다.

결국 지역순환경제는 단순한 경제 모델이 아니라, 자족도시와 기후 대응 그리고 복지 강화와 지역공동체 회복을 하나로 묶

상권활성화 미래전략 포럼

는 종합 정책 프레임입니다. 자치구가 순환경제를 선택한다는 것은 성장의 속도보다 지속성을, 외부 의존보다 내부 역량을, 단기 성과보다 주민의 삶의 질을 우선하겠다는 선언입니다. 이러한 선택이 쌓일 때, 도시는 위기에 강해지고 사람이 중심이 되는 미래 도시로 전환될 수 있습니다.

사회적경제와 지역순환경제의 연관성

사회적경제는 이윤의 극대화보다 지역사회가 직면한 문제 해결과 공동의 가치를 실현하는 데 목적을 둔 경제 활동입니다. 협동조합, 사회적기업, 마을기업, 자활기업 등으로 대표되는 사회적경제 조직은 지역 주민이 주체가 되어 생산·유통·소비에 참여하며, 수익을 다시 지역에 환원하는 구조를 갖습니다. 이러한 특성은 지역 안에서 자원이 머무르고 재순환되는 지역순환경제의 핵심 조건과 맞닿아 있습니다.

지역순환경제는 외부로 빠져나가는 자본과 소비를 최소화하고, 지역 내부의 인적·물적 자원을 활용해 경제활동의 선순환을 만드는 구조입니다. 사회적경제 조직은 지역 인력을 고용하고, 지역에서 필요한 서비스를 공급하며, 지역 주민을 주요 소비자로 삼습니다. 이 과정에서 지역 소득이 외부로 유출되지 않고 다시 지역 상권과 일자리로 이어지게 됩니다. 사회적경제는 지역순환경제를 '개념'이 아닌 '현실의 경제 구조'로 작동하게 만드는 실행 주체라고 볼 수 있습니다.

지방정부의 정책 측면에서 사회적경제 지원은 단순한 취약계층 일자리 사업이 아니라, 지역순환경제를 구축하기 위한 핵심

인프라 조성입니다. 공공구매 연계, 지역화폐 활용, 공공서비스의 협약 등을 통해 사회적경제 조직이 안정적으로 활동할 수 있도록 할 때, 지역 경제는 외부 의존에서 벗어나 점진적으로 자생력을 갖추게 됩니다.

자족도시는 주거 기능에 머무르지 않고, 지역 안에서 일자리·소비·돌봄·문화가 함께 이루어지는 도시를 의미합니다. 이는 단순히 산업단지를 유치하거나 대기업을 끌어오는 방식만으로는 달성되기 어렵습니다. 오히려 생활권 단위에서 주민의 일상과 밀착된 경제 구조를 만들어 가는 것이 중요하며, 이 지점에서 사회적경제의 역할이 요구됩니다.

사회적경제는 돌봄, 복지, 교육, 환경, 문화, 먹거리 등 생활밀착형 영역에서 강점을 가집니다. 이러한 분야는 대규모 자본보다는 지역 이해와 주민 참여가 중요하며, 자족도시를 구성하는 핵심 요소이기도 합니다. 사회적경제 조직이 지역 내 돌봄 서비스와 마을 관리 그리고 로컬푸드의 공급과 생활 서비스를 담당하게 되면 주민은 지역 안에서 일하고 소비하며 삶을 영위할 수 있는 조건을 갖게 됩니다.

지방정부 차원에서 사회적경제를 전략적으로 육성하는 것은

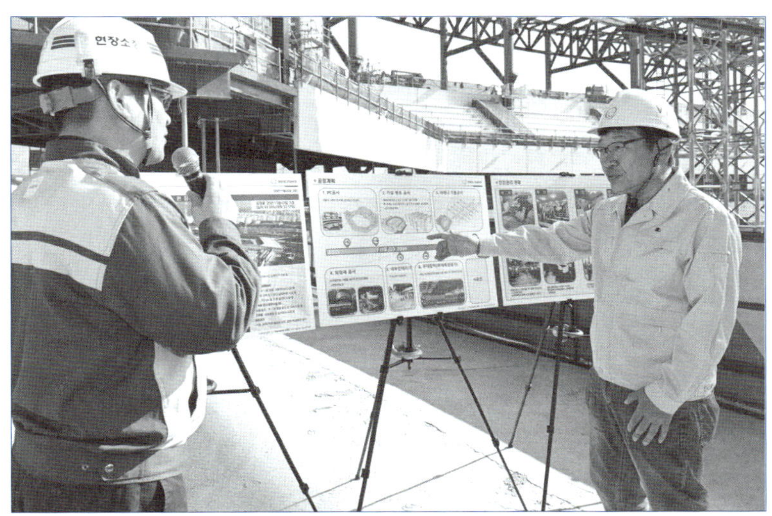

아레나 공연장

자족도시로 가기 위한 '생활 기반 산업'을 키우는 과정입니다. 이는 외부 출퇴근에 의존하는 베드타운 구조를 완화하고, 지역 내고용과 소비를 늘려 도시의 자립성을 강화하는 효과로 이어집니다. 결과적으로 사회적경제는 자족도시의 토대를 이루는 '생활경제의 엔진'이라 할 수 있습니다.

사회적경제는 자치구 발전을 경제적 성장뿐 아니라 사회적 안정과 공동체 회복의 관점에서 확장시킵니다. 첫째, 고용 측면에서 사회적경제는 취약계층, 경력단절 여성, 중장년, 청년 등 기존 노동시장에 진입하기 어려운 주민들에게 지역 기반 일자리를 제공합니다. 이는 복지 지출의 증가를 막고, 주민의 자립을 돕는 예방적 복지 효과를 낳습니다.

둘째, 사회적경제는 지역 문제를 행정 단독이 아닌 주민 참여 방식으로 해결하게 합니다. 돌봄 공백, 환경 문제, 골목상권 침체 등은 행정의 일방적 개입만으로 해결하기 어렵지만, 사회적경제 조직을 매개로 하면 주민이 직접 문제 해결의 주체가 됩니다. 이는 행정 효율성을 높이고, 정책의 지속가능성을 강화합니다.

셋째, 사회적경제는 지역 공동체를 회복시키는 역할을 합니다. 경제 활동을 통해 주민 간 신뢰와 협력이 쌓이고, 이는 지역 거버넌스의 기반이 됩니다. 자치구 발전은 결국 예산과 시설만으로 이루어지지 않으며, 주민이 지역에 애착을 갖고 함께 미래를 설계할 수 있을 때 가능합니다. 사회적경제는 이러한 '관계 자본'을 축적하는 중요한 수단입니다.

사회적경제는 지역순환경제를 현실화하고, 자족도시로 나아가는 경로를 열며, 자치구 발전의 질을 한 단계 끌어올리는 정책적 자산입니다. 지방정부가 사회적경제를 단기 성과 중심의 보조 사업이 아니라 중장기 도시 전략의 핵심축으로 인식할 때, 지역은 외부 환경 변화에도 흔들리지 않는 안정적인 구조를 갖게 됩니다.

결국 사회적경제는 "사람 중심의 경제"를 통해 지역 안에서 먹고 살 수 있는 조건을 만들고, 기초지방정부가 스스로 성장하고 돌볼 수 있는 힘을 키우는 기반입니다. 이는 지방자치의 본래 목적과도 맞닿아 있으며, 향후 자치구 정책 설계에서 더욱 전략적으로 다루어져야 할 영역입니다.

사회적 경제와 로컬브랜드

사회적 가치와 공동체의 지속가능성을 우선하는 사회적경제는, 지역 안에서 사람·자원·경제가 함께 순환하는 구조를 지향합니다. 이러한 사회적경제의 철학과 운영 방식은 로컬브랜드가 추구하는 방향과 본질적으로 맥을 같이 합니다. 로컬브랜드는 단순한 상업적 브랜드가 아니라, 지역 주민의 삶과 문제, 자원을 기반으로 만들어진다는 점에서 사회적경제의 실천적 결과물이라 할 수 있습니다.

로컬브랜드는 사회적경제가 강조하는 지역순환경제의 핵심

수단으로 작동합니다. 사회적기업, 협동조합, 마을기업 등이 만들어내는 재화와 서비스가 로컬브랜드로 정착될 때, 생산·소비·고용·재투자가 지역 안에서 선순환됩니다. 이는 외부 자본에 의해 수익이 유출되는 구조를 완화하고, 지역 내부의 경제 주체들이 서로 연결되는 기반을 강화합니다. 특히 사회적경제 조직이 운영하는 로컬브랜드는 취약계층 고용, 지역문제 해결, 환경적 책임 등 사회적 가치를 동시에 실현하며 지역경제의 질적 성장을 이끌어줍니다.

사회적경제 기반의 로컬브랜드는 골목 경제 회복에서도 중요한 역할을 합니다. 대규모 자본과 프랜차이즈 중심의 상권은 골목을 획일화하고 임대료 상승을 가속화하지만, 사회적경제 주체가 운영하는 로컬브랜드는 지역에 오래 머무는 점포로 기능합니다. 이들은 단기 수익보다 지속성을 중시하기 때문에 지역 주민과의 신뢰 관계를 축적하고, 골목을 단순한 소비 공간이 아닌 생활공동체의 공간으로 재구성합니다. 그 결과 골목상권은 외부 소비에 의존하는 불안정한 구조에서 벗어나, 지역 주민의 일상 소비가 뒷받침되는 안정적 경제 기반을 갖추게 됩니다.

지방정부의 관점에서 사회적경제와 로컬브랜드의 결합은 정책 효율성과 지속성을 동시에 높이는 전략입니다. 사회적경제 지

　　　　　　　　　　　　　　　　　너는 왜 정치를 하니?

원 정책이 단순한 보조금이나 일자리 사업에 머무를 경우, 사업 종료와 함께 성과가 소멸되는 한계를 안고 있습니다. 그러나 사회적경제 조직이 로컬브랜드를 구축하고 시장에서 자립할 수 있도록 지원할 경우, 정책 효과는 장기적으로 축적됩니다. 이는 사회적경제 정책을 복지성 지출이 아닌 지역경제 투자로 전환시키는 중요한 계기가 됩니다.

이를 위해 지방정부는 사회적경제와 로컬브랜드를 분절적으로 다루기보다 통합 정책 체계로 설계할 필요가 있습니다. 예비 사회적기업, 협동조합, 마을기업을 대상으로 한 초기 창업 지원을 로컬브랜드 육성과 연계하고, 공공상가, 공유 주방, 공유 공방 등 공간 정책을 통해 안정적인 활동 기반을 제공해야 합니다. 또한 공공 조달, 공공 급식, 지역 축제와 연계해 사회적경제 로컬브랜드의 판로를 넓히는 것은 지자체가 직접 실천할 수 있는 매우 효과적인 정책 수단입니다.

사회적경제와 로컬브랜드를 연결하는 핵심 주체는 로컬크리에이터입니다. 로컬크리에이터는 사회적경제의 가치에 창의성과 스토리텔링을 더해 지역의 문제와 자원을 매력적인 브랜드로 재해석합니다. 이 과정에서 사회적경제 조직은 단순히 '착한 기업'에 머무르지 않고, 경쟁력 있는 로컬브랜드로 성장할 수 있습니다. 지자체가 로컬크리에이터를 사회적경제 정책의 파트너로 인식하고, 실험사업과 협업 프로젝트를 지원할 때 지역 혁신의 속도는 더욱 빨라집니다.

결국 사회적경제와 로컬브랜드의 결합은 지역경제를 살리는 동시에 공동체를 회복하는 전략입니다. 이는 단기 성과를 넘어, 지역 안에서 사람이 머물고 관계가 지속되는 구조를 만드는 일입니다. 지방정부가 사회적경제를 로컬브랜드라는 구체적 형태로 육성할 때, 지역순환경제는 개념을 넘어 주민이 체감하는 현실이 될 수 있습니다.

로컬 크리에이터 세미나

04

생태전환도시와
생태전환교육

생태전환도시는 단순히 친환경 요소를 도시 곳곳에 더하는 개념이 아니라, 기후위기의 원인이 되어온 기존 도시 구조 자체를 근본적으로 전환하는 새로운 도시 발전 모델입니다. 이는 에너지, 교통, 건물, 산업, 생활 방식 전반을 화석연료 중심의 고탄소 구조에서 벗어나 재생에너지와 저탄소 시스템 중심으로 재편함으로써, 도시 단위에서 탄소중립을 실현하고자 하는 접근입니다. 생태전환도시는 온실가스를 줄이는 기술적 대응에 머무르지 않고, 도시의 생산과 소비, 일자리와 복지, 행정과 시민 참여 구조를 생태문명적 관점에서 재설계하는 것이 핵심입니다.

특히 생태전환도시는 지역순환경제를 중요한 기반으로 삼습니다. 에너지와 먹거리, 돌봄과 서비스, 일자리가 지역 안에서 생산되고 소비되는 구조를 통해 외부 에너지 가격 변동이나 글로벌 공급망 위기와 같은 충격에 흔들리지 않는 도시를 지향합니다. 이는 대규모 외부 자본과 중앙집중형 시스템에 의존하던 기존 도시 모델과 달리, 소상공인과 협동조합, 사회적경제 주체가 전환의 주체가 되는 방식이며, 지역경제를 회복하고 지속 가능한 일자리를 창출하는 전략이기도 합니다.

또한 생태전환도시는 행정 주도의 일방적 정책이 아니라 시민 참여를 전제로 합니다. 주민은 정책의 수혜자가 아니라 전환의 주체로서, 에너지자립마을, 리빙랩, 마을 기반 협동조합 등을 통해 일상 속에서 전환을 실천합니다. 이러한 참여 구조가 작동하기 위해서는 시민이 전환의 의미와 방향을 이해하고 스스로 선택할 수 있는 역량을 갖추는 것이 필수적이며, 이 지점에서 생태전환교육의 중요성이 더욱 부각됩니다.

생태전환교육은 기후위기와 탄소중립을 단순한 환경 지식이 아니라, 삶의 방식과 도시 운영의 문제로 인식하도록 돕는 핵심 수단입니다. 학교 교육과 평생교육, 마을 단위 학습을 통해 시민들이 에너지 사용, 이동 방식, 소비 습관, 돌봄과 공동체의 가치를 이해하고 실천할 수 있을 때, 생태전환은 일회성 정책이 아니라 지속 가능한 생활문화로 정착될 수 있습니다. 지방정부가 추진하는 생태전환교육은 아동·청소년을 대상으로 한 학교 교육에 국한되지 않고, 성인과 노년층을 포함한 전 생애 교육으로 확장되어야 하며, 이는 세대 간 인식 격차를 줄이고 지역공동체 전체의 전환 역량을 높이는 역할을 합니다.

생태전환도시는 기후위기 대응을 넘어, 지방정부가 지향해야 할 새로운 도시 운영 모델입니다. 탄소중립, 지역순환경제, 도시 탄력성, 사회적 형평성, 그리고 생태전환교육이 유기적으로 결합될 때 도시는 위기에 강해지고 주민의 삶은 더 안전하고 지속 가능해집니다. 기후위기 시대에 생태전환도시로 나아가는 것은 선택의 문제가 아니라, 지방정부가 반드시 감당해야 할 시대적 책무라 할 수 있습니다.

2019년 서울시(박원순)와 서울시 교육청(조희연)은 기후위기 시대에 미래를 위한 협력과 공동 노력을 담은 "생태문명 전환도시 서울" 공동 선언을 합니다. 하지만 서울시의회 11대 의회에서 "서울특별시교육청 생태전환교육 활성화 및 지원에 관한 조례"를 폐지하는 시대 역행적인 결정을 합니다.

이제라도 생태전환에 대한 인식을 새롭게 하고 교육체계를 다시 정비해야 합니다.

05

삶을 바꾸는 융합 도시, 스마트 도시

스마트한 미래도시는 '기술의 도시'가 아니라 '삶을 바꾸는 도시'입니다.

노원구가 추구해야 할 스마트한 미래도시는 첨단 기술을 전면에 내세운 화려한 도시가 아니라, 기후위기와 고령화, 불평등, 이동권 문제 등 현실의 도시 문제를 해결하는 생활 중심 도시여야 합니다. 스마트는 목적이 아니라 수단이며, 핵심은 기술 자체가 아니라 연결·융합·분배의 방식에 있습니다.

과거의 도시 정책이 개별 기술이나 시설을 도입하는 데 그쳤다면, 미래도시는 사람과 데이터 그리고 인프라와 행정 시스템이 유기적으로 연결된 구조를 지향해야 합니다. 즉, 사물인터넷IoT,

인공지능, 데이터 플랫폼은 그 자체로 '스마트'한 것이 아니라, 기존의 행정·교통·복지·환경 정책과 결합될 때 비로소 의미를 갖게 됩니다.

스마트 미래도시의 핵심 개념은 기술 융합을 통한 '문제 해결형 도시'로 나아가는 것입니다.

스마트한 미래도시는 로봇이나 자율주행차가 존재한다고 완성되는 것은 아닙니다. 오히려 기술이 행정과 분리돼 있으면 비효율만 커질 수 있습니다. 도장 문화가 깊게 자리 잡은 일본이 업무의 효율을 높이기 위해 도장 찍는 기계를 만들었습니다. 곳곳에서 제발 도장을 없애라는 원성이 터졌습니다. 전자 결재가 되지 않는 행정 구조 속에서 도장을 찍는 로봇을 도입하는 것은 기술은 앞서간다 해도 시스템은 뒤처진 '실패한 스마트 행정'의 사례입니다.

따라서 지자체는 교통 데이터와 행정 데이터, 생활 데이터를 통합해 정책에 활용하고, 기존 인프라를 재구성해 중복을 줄이고 효율을 높이는 방향으로 기술을 적용해야 합니다.

대표적인 예가 버스정보시스템, 공영제, 내비게이션 데이터의 결합입니다. 이는 새로운 기술을 개발하지 않고도 기존 자원의 최적 분배를 통해 시민 체감도를 높인 스마트 정책의 사례라 할 수 있습니다.

스마트 미래도시의 또 하나의 핵심 개념은 시민 참여와 데이터에 기반한 거버넌스입니다.

스마트 미래도시는 데이터를 독점하는 도시가 아니라, 시민이 데이터의 주체가 되는 도시입니다. 환경, 교통, 안전과 관련된 데이터는 행정의 자산이자 동시에 시민의 권리입니다.

스마트도시는 시민이 보유한 생활 데이터를 모아 지역 단위 환경지도나 생활지도를 구축하고, 이를 다시 시민에게 환원하는 구조가 중요합니다.

스마트 도시의 대표적인 사례로 암스테르담의 자전거 솔루션이 있습니다. 세계에서 자전거 보유율이 가장 높은 도시 중 하나인 암스테르담에서는 시민들에게 사물인터넷을 나눠주고 자전거에 부착하게 하여 도시 곳곳의 생태 데이터를 모아 전 지역의 환경 백서를 만들었습니다. 이는 단순한 정보 공개를 넘어 정책 결정 과정에 시민 참여를 확대하고, 데이터 활용의 이익을 특정 플랫폼이나 기업이 아니라 지역사회 전체에 분배하는 스마트 거버넌스를 실현한 것입니다.

특히 기후위기 대응을 위한 탄소 감축 정책은 센서 설치 → 데이터화 → 분석 → 맞춤형 서비스 제공이라는 단계적 정책 설계가 가능하며, 이는 자치구 단위에서도 충분히 실현 가능한 스마트 정책 영역입니다.

'이동의 혁신'이 아닌 '이동 필요성의 감소' 또한 스마트 미래도시의 핵심 개념 중 하나입니다. 스마트 교통의 핵심은 더 빠른 이동이 아니라 이동하지 않아도 되는 도시 구조를 만드는 것입니다.

자치구 단위에서 순환경제 체계를 갖추고 일자리, 돌봄, 의료, 여가가 생활권 안에 배치되면 자율주행차나 드론 택시 없이도 탄소 배출과 교통 혼잡을 동시에 줄일 수 있습니다.

공유교통, 공유차량, 배달 플랫폼의 발전은 '차가 없어도 생활할 수 있는 도시'로의 전환을 가능하게 하며, 이는 고령자·청년·교통약자에게 특히 중요한 스마트 복지정책이 됩니다.

그래서 노원구가 추구해야 할 스마트한 미래도시는 기술을 전시하는 도시가 아니라 기후위기와 사회적 양극화에 대응하고 시민의 삶의 질을 실질적으로 개선하는 도시여야 합니다.

이를 위해서는 개별 스마트 사업이 아니라 사람과 기술, 데이터와 행정, 인프라와 정책이 연결된 융합적 도시 전략이 필요합니다.

스마트는 장비가 아니라 운영 방식이며 철학이고, 미래도시는 결국 사람을 중심에 둔 도시일 때 완성이 됩니다.

06

노원의 미래 비전,
한전 인재개발원

공릉동 170-2 일원의 인재개발원 부지 매각을 위한 서울시와 한전과의 업무협의와 개발을 위한 연구용역이 진행되고 있습니다.

인재개발원 부지는 노원과 동북권의 산업·지식 생태계를 재편할 수 있는 핵심 거점으로서의 잠재력을 지니고 있습니다. 해당 부지는 약 $63만 m^2$(그린벨트를 제외하면 $18만 m^2$) 규모로, 서울 동북권에서는 드물게 대규모의 집적 개발이 가능한 공간이며, 이를 어떻게 활용하느냐에 따라 노원의 미래 위상이 크게 달라질 수 있습니다.

너는 왜 정치를 하니?

창동차량기지 개발 용역 착수...바이오 클러스터 구체화 [노원] 딜라이브 뉴스

차량기지 이전

개발의 핵심 방향은 차량기지, 서울과학기술대학교, 인근 대학·연구기관과의 연계를 통해 미래산업 허브를 조성하는 데 있습니다. 한전 인재개발원 부지를 바이오와 에너지 등 미래 신기술 중심의 클러스터로 육성하고, 대학과 연계한 공동연구, 기술실증, 산학협력 체계를 구축하는 것이 연구용역의 기본 구상입니다. 이는 단순한 산업단지 조성이 아니라, 연구·교육·산업·창업이 하나의 공간 안에서 순환하는 지식기반 산업 생태계를 만드는 접근입니다.

특히 차량기지 이전 및 재편과 연계할 경우, 물리적 공간 활용의 효율성뿐 아니라 기능적 시너지 효과도 기대할 수 있습니다.

여기에 서울과학기술대학교를 비롯한 인근 대학의 연구 역량이 결합하면, 기초연구부터 실증과 사업화까지 이어지는 도심형 R&D 캠퍼스가 현실화될 수 있습니다. 이는 노원이 오랫동안 겪어온 주거 중심 구조에서 벗어나 자족도시로 가는 계기가 됩니다.

연구용역의 경제 활성화 방안에는 병원과 대학 기반의 R&D 단지를 조성하고 성장기업 업무공간과 창업지원 시설, 지역문화시설 등을 단계적으로 배치하는 구상이 제시되어 있습니다. 이러한 구성은 미래산업 육성과 동시에 지역 주민의 삶의 질을 높이고, 지역경제 활성화로 이어질 수 있는 구조입니다.

공릉동 한전 인재개발원 부지를 차량기지와 과기대, 인근 연구·의료·산업 인프라와 유기적으로 연계해 개발하는 것은, 노원이 단순한 주거지나 교육도시를 넘어 지식기반 사회의 중심 역할을 수행하는 미래산업 거점으로 도약하는 전략입니다. 이는 노원구 발전의 실질적 해법이자, 청년과 연구 인력, 혁신기업이 머무르고 성장하는 지속 가능한 도시 구조를 만드는 중요한 전환점이 될 수 있습니다.

07

육사 이전을
지속적으로 요구하는 것은

육군사관학교는 최근 교육시설의 현대화 일환으로 12개소의 건축물을 철거하고 신축 또는 재건축하는 사업을 진행하고 있습니다. 육사 내 건물들도 낡고 오래되었으니 단순하게 생각하면 노후 건축물을 철거하고 시설을 개선하는 것은 당연해 보입니다. 하지만 이러한 재건축이 매몰 비용이라는 명분이 되어 육군사관학교 이전 논의를 구조적으로 가로막는 결과를 낳을 수 있다는 점에서 우려가 됩니다.

육군사관학교가 위치한 태릉은 오랜 시간 국가 안보를 위한 인재를 양성해 온 상징적인 공간이지만, 오늘의 도시 환경과 군사 교육의 변화 속에서는 더 이상 적합한 입지라고 보기 어렵습니다.

육군사관학교는 1946년 군사영어학교와 남조선경비사관학교를 거쳐 지금의 태릉에 자리 잡았습니다. 그리고 80년이 지났습니다. 당시의 태릉은 도시 외곽에 가까운 지역이었고, 군사시설 입지로서 큰 무리가 없었습니다. 그러나 현재의 태릉은 서울 동북권의 생활권 중심으로 변화했으며, 입지 여건 자체가 과거와는 완전히 달라졌습니다.

무엇보다 중요한 것은 현대 군사교육이 첨단 정보기술과 사이버전에 대비한 전장 환경을 전제로 이루어지고 있으나, 태릉의 입지적인 상황에서는 보안, 확장성, 훈련 환경 측면에서 이러한 첨단 군사교육을 수행하기엔 구조적 한계를 지니고 있습니다.

현재 서울에 남아 있는 국방 교육시설은 육군사관학교가 사실상 유일합니다. 고양시에 있던 국방대학교는 2023년 충남 논산으로 이전했고, 대방동의 공군사관학교는 1985년 충북 청주에 자리 잡았습니다. 해군사관학교는 애초에 경남 창원에 설립되었습니다. 이는 국방 교육시설이 도심을 벗어나 보다 전문적이고 집약적인 교육 환경으로 이동하고 있다는 흐름을 보여줍니다.

매번 선거 때마다 공보에 육사 이전을 주장하는 글을 실었습니다. 이에 대해 몇몇 분들은 "현실성 없는 공약"이라는 평가를 합니다.

육군사관학교 이전 논의는 단기간에 실현되기 어려운 과제임에는 틀림이 없습니다. 그러나 공약이라는 게 언제나 당장 실현 가능한 일만을 의미하지는 않습니다.

지역과 국가의 미래를 위해 반드시 필요하다면, 누군가는 지속적으로 문제를 제기하고 사회적 논의와 공론을 이어가야 합니다. 그리고 그러한 논의가 축적될수록 불가능해 보이던 과제들도 점차 현실의 영역으로 다가옵니다.

육군사관학교 부지는 골프장을 포함해 약 149만m^2, 축구장 100개에 달하는 규모입니다.

이 거대한 공간이 현재 군사시설이라는 단일 기능에 묶여 지역발전과는 단절되어 있습니다. 육군사관학교 이전 이후 부지를 어떻게 활용할 것인지는 별건으로 하더라도 분명한 점은 육군사관학교의 이전 자체만으로도 노원의 도시 구조와 미래 가능성에 중대한 전환점이 될 수 있다는 사실입니다.

노원의 미래 가치를 높이기 위해 육군사관학교 이전은 더 이상 금기어나 공상적 구상이 아닙니다. 중장기 도시 전략 차원에서 검토해야 할 매우 중요한 과제입니다.

08

도시재생
—'국수 거리'에 가다

공릉동 국수의 거리는 한때 지역을 대표하는 먹거리 골목이었으나, 현재는 그 상징성과 흡인력이 크게 약화된 상태입니다.

이제 단일 업종 중심의 상권으로는 소비 트렌드 변화와 외식 환경의 경쟁 속에서 지속가능성을 확보하기 어렵습니다. 국수거리 또한 더 이상 '국수'라는 이름만으로 방문 동기를 만들기 힘든 상황에 놓여 있습니다. 이러한 조건에서 국수거리의 변화는 업종 유지나 간판 정비 수준을 넘어, 공간의 성격 자체를 전환하는 도시재생의 관점에서 접근할 필요가 있습니다.

인접해 있는 경춘선 숲길은 이미 산책로를 넘어 공연, 전시, 마켓 등 다양한 문화 활동이 이루어지는 생활 문화 공간으로 자리 잡았고, 이로 인해 주변에는 공방과 창작 공간, 소규모 문화 거점이 점차 늘어나고 있습니다. 국수거리는 이러한 문화적 흐름과 지리적으로 맞닿아 있음에도 불구하고, 아직은 숲길의 유입 효과를 충분히 흡수하지 못하고 있습니다. 따라서 국수거리는 독립된 상권이 아니라, 경춘선 숲길에서 생성되는 문화·예술·창작의 흐름을 받아들이는 연결 공간으로 재정비될 필요가 있습니다

이제 국수거리는 더 이상 '먹거리 특화 거리'가 아니라, 문화·예술·창작 활동이 일상적으로 이루어지는 골목형 문화지구로 거듭나야 합니다. 숲길에서 시작된 산책과 문화 체험이 자연스럽게 골목으로 이어지고, 거리 안에서는 전시, 공방 체험, 소규모 공연, 창작 워크숍 등이 상시로 이루어지는 구조를 만들어야 합니다. 먹거리는 이러한 문화 활동을 보조하는 요소이며, 거리의 정체성을 규정하는 중심 개념은 '국수'가 아니라 '문화적 경험'이 되어야 합니다.

이러한 전환을 실질적으로 뒷받침하는 수단이 바로 도시재생 기금의 전략적 활용입니다. 국수거리의 변화는 개별 점포의 자구 노력만으로는 한계가 있으며, 공공 재정의 개입을 통해 공간 구조와 기능을 함께 바꾸는 접근이 필요합니다.

도시재생기금은 「수도권정비계획법」에 따라 과밀부담금의 일부로 조성된 재원으로, 2024년 기준 1,300억 원 이상이 적립되어 있으며, 매년 수백억 원이 추가로 유입되고 있습니다. 그러나 최근 몇 년간 기금이 본래 취지와 달리 소극적으로 활용되거나, 목적과 맞지 않는 사업에 '인정 사업' 형식으로 사용되는 문제가 지적되고 있습니다.

도시재생기금은 쇠퇴한 생활권을 대상으로 물리적 환경 개선과 지역 활성화를 동시에 추진하기 위해 조성된 재원으로, 국수거리와 같은 노후 상권을 문화 중심 공간으로 전환하는 데 사용하는 것은 본래 취지상 가장 적합한 적용입니다.

도시재생기금을 활용해 국수거리와 경춘선 숲길을 잇는 보행 환경과 가로 경관을 개선함으로써, 물리적 단절을 해소하고 체감 거리를 줄일 수도 있고, 인근에 위치한 대학들과 연계해 지속적으로 새로운 콘텐츠가 생산되는 실험 공간으로 조성할 수도 있습니다.

국수거리의 재생은 상권 활성화라는 단기 목표를 넘어, 경춘선 숲길을 중심으로 형성된 지역의 문화 생태계를 골목까지 확장하는 과정으로 접근할 수 있습니다. 도시재생기금은 이 전환을 가능하게 하는 촉매제로서, '과거의 먹거리 골목'에서 '현재와 미래의 생활 문화 공간'으로 변화시키는 역할을 할 수 있습니다. 이러한 맥락에서 국수거리는 더 이상 쇠퇴한 상권이 아니라, 지역의 일상과 창의성이 축적되는 도시재생의 핵심 공간으로 다시 자리매김하게 될 것입니다.

국수거리를 예로 들었지만 '왜 디자인 거리인지 아무도 알지 못하는 수락산역의 디자인 거리' 등 노원에는 도시재생기금을 활용하여 골목에 활력을 불어넣고 가치를 높일 수 있는 거리들이 많이 있습니다.

－초안상
책 속

사기체험장 특별 ... 앰 전시—

오갖 ... 단전

송재혁

.15.(

노원구민 참여마당 ;
노원의 미래, 10인의 대화

"어르신의 일상이 역동적인 도시,
지혜를 나누는 따뜻한 노원"

강기건 | 전 초대 노원구의원, 48년 거주

당신에게 노원은 어떤 의미인가요?

"제2의 고향이자, 우리 아이들이 태어나 자란 뿌리 깊은 터전입니다."

48년 전 이곳에 처음 자리 잡은 이후, 노원은 제 인생의 황금기를 함께 보낸 소중한 공간이 되었습니다. 강산이 몇 번이나 변하는 역사를 지켜보며 초대 구의원으로서 지역 발전을 위해 헌신했던 뜨거운 기억은, 저에게 단순한 거주지 이상의 자부심을 갖게 합니다.

노원에서 행복했던 순간과 불편했던 순간은 언제인가요?

"초대 구의원으로서 주민들과 함께했다는 보람을 느낍니다.

그러나 월계동 지상 철도의 벽은 늘 아쉬웠습니다."

1991년 지방자치제 도입 당시 초대 노원구의원으로 당선되어 주민들의 민원을 해결하러 다니던 모든 순간이 가장 행복했습니다. 반면, 월계동을 가로지르는 지상 철도로 인해 지역이 단절되고 주민들이 소음과 보행 불편을 겪는 모습을 볼 때면 늘 마음이 무거웠습니다. 오랜 세월 지속된 지역 간 불균형 문제는 여전히 해결해야 할 숙제로 남아 있습니다.

10년 후, 미래세대와 함께 살아갈 노원은 어떤 모습이길 바라나요?

"단절된 벽이 허물어지고 사람이 중심이 되는 친환경 도시가 되길 바랍니다."

10년 뒤의 노원은 막혔던 벽들이 허물어지고 자연과 행정이 조화를 이루는 따뜻한 공동체이길 꿈꿉니다. 특히 월계동 구간의 철도를 지하화하고 그 공간을 숲길과 공원으로 조성한다면, 어르신부터 아이들까지 함께 어우러지는 진정한 휴식처가 될 것입니다. 미래세대가 "우리 동네는 걷기 좋고 숨쉬기 편한 곳"이라 자부할 수 있는 환경이 조성되기를 기대합니다.

어르신들이 건강하게 일상을 보내며 지혜를 나눌 수 있도록, 챙겨야 할 것은 무엇일까요?

"경로당의 역동적인 변화와 실효성 있는 파크골프 인프라 확충이 필요합니다."

이제 경로당은 단순히 쉬는 곳을 넘어 탁구, 당구 등 몸을 움직이며 소통하는 역동적인 공간으로 진화해야 합니다. 또한 어르신들의 건강을 위해 수락산 인근 등에 전용 파크골프장을 마련하는 세심한 행정이 시급합니다. 중랑천 산책로나 골프장 인근에 어르신들이 이용하기 편리한 화장실과 보행교를 설치하는 등, 생활 밀착형 배려가 뒷받침될 때 비로소 전국 최고의 어르신 복지 도시가 될 수 있을 것입니다.

응답하라, 송재혁

『너는 왜 정치를 하니?』 출판기념회

'머무는 공간'에서 '활동하는 무대'로, 예방적 복지의 실천

48년 노원 역사의 산증인이자 지방자치의 기틀을 세우신 강기건 의원님 말씀에서 깊은 무게감을 느낍니다. 평생의 아쉬움으로 꼽으신 월계동 지상 철도 문제는 단순히 교통의 불편을 넘어 지역의 심장을 단절시킨 아픈 벽입니다. 이를 지하화하고 그 자리에 숲길을 조성하는 일은 노원을 다시 하나로 잇고 숨 쉬게 하는 행정의 최우선 과제입니다.

 복지가 단순히 '시혜적 배려'가 아닌 '지역공동체의 활력'과 직결된다는 사실을 이야기 중에 다시금 깨닫습니다. 그동안의 경로당 정책이 '관리'에 머물렀다면, 이제는 어르신들이 스스로 관계를 맺고 역동적으로 움직이는 '참여형 플랫폼/공간'으로 진화해야 합니다.

'어르신 휴休 센터'는 바로 이런 예방적 복지 모델의 가능성을 보여준 사례입니다. 파크골프 인프라나 보행교 설치 같은 세심한 제안들은 어르신의 건강을 지킴으로써 장기적으로는 사회적 의료 비용을 줄이는 지혜로운 투자가 될 것입니다. 초대 의원님들의 자부심이 깃든 노원의 지방자치가 어르신들의 일상을 더 활기차게 만드는 실질적인 복지모델이 되도록 촘촘하게 준비해야 합니다.

"장벽 없는 노원, 청년의 꿈이 막힘없이 흐르는 포용 도시"

박채원 | 장애인권대학생·청년네트워크 정책위원회 부의장, 25년 거주 청년

당신에게 노원은 어떤 의미인가요?

"25년 고향에서 사회복지의 미래를 배우고 실천하는 소중한 배움의 장입니다."

노원은 제가 25년간 살아온 푸근한 고향이자, 제 전공인 사회복지를 일상에서 실천하는 공간입니다. 서울시 내 노인과 장애인 인구가 많은 지역적 특성상, 다양한 기관에서 당사자분들과 소통하며 쌓은 경험은 저의 사회복지 실천을 위한 귀중한 밑거름이 되고 있습니다.

노원에서 행복했던 순간과 불편했던 순간은 언제인가요?

"작은 목소리가 바꾼 점자 블록의 변화에서 행정의 효능감을

느꼈습니다."

중계역 인근 점자 블록 위 불법 주차 문제에 대해 꾸준히 민원을 넣은 결과, 구청의 조치로 실제 환경이 개선되는 과정을 지켜보며 큰 효능감을 느꼈습니다. 반면, 노원역 인근에서 목격하게 되는 혐오와 비방의 현수막들은 지역사회의 통합을 저해하고 눈살을 찌푸리게 만들어 늘 아쉬움이 남습니다.

10년 후, 미래세대와 함께 살아갈 노원의 모습은 어떠해야 할까요?

"청년들이 즐겨 찾는 모든 공간에 경사로가 설치된 '배리어 프리' 노원을 그립니다."

10년 후에는 소수자 청년들을 따뜻하게 품는 더욱 성숙한 노원이 되길 바랍니다. 특히 지난해 통과된 경사로 설치 지원 조례가 더욱 확장되어, 10년 뒤에는 학교와 학원가 등 청소년과 청년들이 이용하는 모든 교육·문화시설에 경사로가 100% 설치되어 누구나 자유롭게 이동할 수 있는 도시가 되길 꿈꿉니다.

청년들이 노원을 '꿈을 일구는 터전'으로 느끼기 위해 시급한 정책은 무엇인가요?

"흩어진 정보를 하나로 묶는 '원스톱 플랫폼'으로 청년의 일상을 든든하게 지지해야 합니다."

너는 왜 정치를 하니?

　　노원구에는 다양한 청년 지원 채널이 있지만, 정보가 분산되어 있어 개별 청년들이 혜택을 체감하기 어렵습니다. 서울시의 '청년몽땅정보통'처럼 일자리·주거·복지 정보를 한 곳에서 검색하고 신청할 수 있는 온·오프라인 원스톱 플랫폼 구축이 시급합니다. 또한, 청년들의 참여 이력을 기반으로 맞춤형 정보를 제공하는 일상형 거버넌스가 확립될 때, 청년들은 노원을 진정한 삶의 터전으로 느낄 수 있을 것입니다.

응답하라, 송재혁

『너는 왜 정치를 하니?』 출판기념회

"장벽을 허무는 세심함이 청년의 효능감을 만들고, 노원의 미래를 바꿉니다"

25년을 노원에서 살며 '행정의 효능감'을 직접 체감했다는 박채원님의 말씀은, 정치와 행정이 존재해야 하는 이유를 다시금 일깨워줍니다. 주민이 낸 작은 목소리에 신속하게 대응하는 그 세심함이 결국 도시의 신뢰를 쌓는 출발점입니다.

　제안하신 '청년 원스톱 플랫폼'은 제가 원고 4부에서 강조한 '스마트 도시'의 본질과 맞닿아 있습니다. 기술은 화려한 전시

용이 아니라, 흩어진 정보를 연결해 청년들의 시간을 아껴주고 필요한 혜택을 적기에 전달하는 '유능한 도구'여야 합니다.

 또한, 교육·문화시설의 경사로 100% 설치 제안은 '배리어 프리'를 넘어 청년의 정주 여건을 개선하는 중요한 과제입니다. 장애가 장벽이 되지 않는 도시가 비로소 비장애인에게도 가장 안전한 도시가 됩니다. 청년들이 정책의 수혜자를 넘어 일상 속 거버넌스의 주역으로 당당히 설 수 있도록, 정보의 문턱은 낮추고 이동의 자유는 높이는 포용적 노원이 되어야 할 것입니다. 따뜻한 마음을 지닌 채원님을 비롯하여 노원의 청년들과 함께 만들어 갈 수 있길 기대해봅니다.

너는 왜 정치를 하니?

"수도권 북부의 거점 노원,
예술인의 권리가 존중받는
문화 생태 노원"

손이상 | 평론가, 기획자, 전 노원달빛산책 기획감독

당신에게 노원은 어떤 의미인가요?

"성장의 배경이자 정체성이 깃든 곳, 오랜 친구들과 함께 나이 들어가는 터전입니다."

노원은 제가 태어난 곳은 아니지만, 제가 자라고 성장한 곳이며 오랜 친구들과 어울려 사는 곳입니다. 그렇기에 저의 정체성과 깊이 맞닿아 있는 아주 소중한 공간이라 할 수 있습니다.

노원에서 행복했던 순간과 불편했던 순간은 언제인가요?

"높은 시민의식이 주는 안온함과 질서, 그러나 라이프스타일의 단조로움은 아쉽습니다."

행복과 불편의 기억 모두 이곳에서 부대껴 만나는 사람들과 관련이 있습니다. 노원구 주민들은 다른 지역에 비해 생활 수준이 평준화되어 있고, 시민의식과 평등의식이 매우 강한 편입니다. 덕분에 좋은 치안과 편안한 질서 속에서 안온함을 누리며 살 수 있다는 점이 큰 행복입니다. 반면, 비슷한 라이프스타일을 공유하는 사람이 많다 보니 다양성이 조금 부족하고, 일상에서 특별히 재미있는 일이 일어나지 않는다는 점은 다소 아쉽게 느껴지기도 합니다.

10년 후, 미래세대와 함께 살아갈 노원의 모습은 어떠해야 할까요?

"서울과 경기 북부를 잇는 가교이자, 수십만 관계인구가 모여드는 북부의 거점입니다."

노원구는 인접한 경기도 북부 도시들과 서울 도심을 잇는 가교이자, 노원을 거쳐 경기도 북부로 이주한 수십만 관계인구의 중심지역이 될 것입니다. 북부 거점으로서의 미래를 그려본다면, 노원과 서울의 다른 지역을 잇는 교통망만큼이나 경기도를 잇는 교통망도 지금보다 훨씬 촘촘해져야 한다고 생각합니다.

노원의 자연 자산에 문화적 색채를 입혀 예술가는 창작을 즐기고 구민은 힐링할 수 있는 도시를 만들려면 행정에서 무엇을 지원해야 할까요?

너는 왜 정치를 하니?

"행정 주도의 직접 실행보다 민간의 자율성과 당사자성을 존중하는 간접 지원으로 전환해야 합니다."

문화행정의 과거와 오늘은 많이 다릅니다. 공공 섹터의 문화사업은 심의와 의결을 거치는 예산 회기에 맞추다 보니 지출이 늦는 편입니다. 하지만 창작을 위해서는 긴 준비 기간이 필요하기에, 그동안은 계약 전 작업 착수가 일종의 관행이었습니다. 그런데 코로나19로 사업이 대거 취소되면서 계약 없이 일하던 창작자들이 정당한 보상을 받지 못했고, 이후에도 국가애도기간 선포나 지방선거, 행정 착오 등으로 인한 일방적 취소가 반복되었습니다. 이는 예술계 종사자들에게 뼈아픈 집단 경험이 되었고, 이제 이전의 관행은 더 이상 통하지 않게 되었습니다.

현재 예술인들은 공공문화사업을 대금 미지급 위험이 크고, 계약 조건이 수시로 변경되며, 사업이 모두 종료된 후에야 사실상 연급年給 형태로 정산받는 참담한 일로 인식합니다. 실력 있는 예술가일수록 공공사업을 기피하게 되고, 참여하더라도 소극적으로 임하게 되어 결국 결과물의 질이 떨어지는 악순환이 발생합니다. 행정은 그저 책임 회피를 위해 성과를 부풀리고 사업을 포장하는 데 급급해집니다.

현장의 경험을 바탕으로 말씀드리자면, 현재 우리나라의 문화 분야는 공공이 민간에 비해 훨씬 열악할 뿐 아니라 그 어떤 영역보다 후진적입니다. 쿠팡이 판매 대금을 최대 52일 후에 지급한다며 비판받기도 하지만, 고작 52일 만에 급여를 지급하는 공공문화사업은 없습니다. 이런 구조로는 행정이 지역에 의미 있는 사업을 펼치는 것이 사실상 불가능합니다. 모두가 회피하고 공치사만 늘어놓는 일이 될 것이기에 진정한 성과를 기대하기 어렵습니다. 누적된 관행을 바꾸려면 긴 시간이 필요하므로, 행정이 직접 실행하기보다는 지역 주민과 지역 예술인의 대표성 및 당사자성을 가진 민주적 시민모임을 발굴하고 지원하여 간접 실행하는 방식으로 전환하는 것이 바람직합니다.

응답하라, 송재혁

『너는 왜 정치를 하니?』 출판기념회

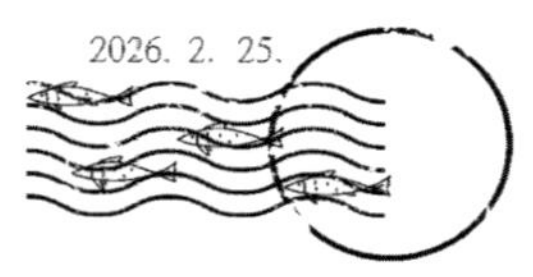

"행정의 관행을 깨는 '문화적 자치', 예술인을 존중하고, 예술이 머무는 도시로 변화가 필요합니다"

손이상 평론가님이 지적하신 공공 문화행정의 문제점은 저 역시 시의회 행정사무감사를 통해 끊임없이 경고해온 지점입니다. 창작의 시간을 예산 회기에 가두고, 계약 없는 작업을 관행으로 삼는 행정은 결국 노원의 문화 경쟁력을 갉아먹는 행위입니다.

예술인들이 공공사업을 기피하게 만드는 대금 지급 체계와 불투명한 계약 관행은 제가 강조한 '정직한 행정'의 원칙에 정면으로 위배됩니다. 제가 구상하는 스마트한 미래 도시는 단순히 기술을 도입하는 것이 아니라, 행정의 경직성을 걷어내어 예술가의 창작 권리를 보장하고 그들의 결과물이 지역의 자부심이 되게 하는 것입니다.

제안하신 '민간 주도의 간접 지원 방식'은 제가 지향하는 '지역 순환경제' 및 '로컬 크리에이터' 육성 전략과도 궤를 같이합니다. 행정이 모든 것을 통제하려는 욕심을 버리고, 지역 예술인들의 당사자성을 존중하는 거버넌스 구축의 필요성을 절감합니다. 예술인이 존중받을 때 노원의 자연 자산은 비로소 진정한 문화적 색채를 입게 될 것이며, 그 혜택은 오롯이 구민의 힐링으로 돌아갈 것입니다. 결국 공공의 예술 지원은 지역의 다양성을 포용하고, 단단한 공동체의 가치를 일궈내는 '문화적 투자'이자 지방정부의 소중한 책무여야 합니다.

"내 삶을 키워준 노원,
이웃과 땀 흘리며
책임지고 싶은 터전"

신현웅 | 상계동 20년 거주, 자영업, 청원FC 축구클럽 운영

당신에게 노원은 어떤 의미인가요?

"스무 해를 넘게 살아오며 삶의 대부분이 쌓인 내 인생의 배경이자 현재입니다."

저에게 노원은 단순히 오래 산 동네가 아닙니다. 젊은 시절 이곳에 터를 잡고 장사를 시작해 현재는 고깃집을 운영하며 하루하루 생계를 꾸려오고 있습니다. 아내는 노원의 병원에서 간호사로 일하며 지역의 건강을 지켜왔고, 두 아이는 노원의 학교에서 자라며 이 동네의 내일이 되어가고 있습니다. 노원은 제 삶을 키워준 동네이기에, 이제는 단순히 잘되기를 바라는 마음을 넘어 제가 책임지고 싶어지는 소중한 터전입니다.

너는 왜 정치를 하니?

노원에서 행복했던 순간과 불편했던 순간은 언제인가요?

"가게를 열고 이웃과 땀 흘리는 일상의 안정, 그러나 행정과의 거리감은 아쉬움으로 남습니다."

가게를 열어 단골손님을 만나고, 축구장에서 이웃들과 땀 흘리며 아이들이 자라는 모습을 지켜볼 때 '노원이 진정한 삶의 터전이 되었구나' 하고 가장 큰 행복을 느낍니다. 반면, 자영업자로서 체감하는 행정의 거리감과 아이를 키우며 느낀 돌봄·교육의 빈틈은 여전히 불편함으로 남아있습니다. 하지만 그 불편함은 결국 노원이 더 좋아지길 바라는 애정 섞인 마음에서 비롯된 것이라 생각합니다.

10년 후, 미래세대와 함께 살아갈 노원의 모습은 어떠해야 할까요?

"세대가 경쟁하는 도시가 아닌, 시간이 흐르며 가치가 이어지는 동네를 꿈꿉니다."

10년 후의 노원은 미래세대와 경쟁하는 도시가 아니라 함께 살아가는 동네여야 합니다. 아이들에게는 이곳에서 자란 것이 자산이 되고, 부모는 믿고 아이를 맡길 수 있으며, 자영업자에게는 단순히 버티는 곳이 아니라 새롭게 도전할 수 있는 환경이 갖춰져야 합니다. 어르신들이 소외되지 않는 일상을 누리는 도시, 즉 세대가 교체되는 곳이 아니라 시간이 자연스럽게 이어지는 도시가 제가 바라는 노원의 미래입니다.

생활체육 클럽 활동을 하시면서 느끼는 실질적인 지원 대책은 무엇일까요?

"시설 확충과 현장 중심의 관리 체계 개선으로 건강한 공동체의 힘을 살려야 합니다."

생활체육은 단순한 운동을 넘어 동네 사람들을 잇는 공동체의 힘입니다. 축구클럽을 운영하며 느끼는 가장 큰 어려움은 부족한 구장과 한정된 사용 시간으로 인해 클럽 간에 발생하는 갈등입니다. 행정이 해줘야 할 가장 실질적인 지원은 거창한 이벤트보다 안정적으로 사용할 수 있는 시설을 늘리고 관리 체계를 현장 중심으로 개선하는 것입니다. 주민들이 꾸준히 운동할 수 있는 환경이 뒷받침될 때, 건강도 지역공동체도 함께 살아날 수 있습니다.

응답하라, 송재혁

『너는 왜 정치를 하니?』 출판기념회

**"삶의 터전과 생활체육이 맞닿은 곳에서 지역공동체의 자생력
이 숨쉽니다"**

상계동에서 20년 넘게 땀 흘려 일하며 지역의 허리가 되어주신
신현웅님의 말씀에서 노원의 자부심과 과제를 동시에 마주합니
다. 자영업자로서 느끼는 '행정의 거리감'은 노원이 여전히 베드
타운의 틀을 벗어나지 못해 주민들의 일상적인 경제 활동을 세
심하게 보살피지 못한 결과입니다.

생활체육 지원은 특정 계층에 대한 혜택이 아니라, 주민의 건강
을 지키고 지역공동체의 결속을 강화하는 지방정부의 필수적인
책무입니다. 구장이 부족해 클럽 간 갈등이 생기는 현장의 목소
리는 시설 운영의 효율성과 투명성을 높여야 한다는 경고이기도
합니다. 규칙적인 신체 활동이 만성질환을 예방해 장기적으로
사회적 돌봄 비용을 절감한다는 사실은 제가 예결위원장 시절
부터 꾸준히 강조해온 '남는 장사'이기도 합니다.

이제는 시설을 짓는 데 그치지 않고, 신현웅 님이 제안하신 것처
럼 현장의 목소리가 운영에 반영되는 '생활 밀착형 관리 체계'

를 구축해야 합니다. 자영업자가 마음껏 도전하고, 주민들이 운동장에서 이웃과 정을 나누는 노원, 즉 삶의 현장이 곧 복지가 되고 공동체의 자산이 되는 '생활 자족형 도시'를 정직하게 설계하는 것이 필요합니다.

"상계동 아빠의 진심,
내일이 더 기대되는
노원을 꿈꾸다"

오의석 | 52세, 상계동 22년 차 직장인

당신에게 노원은 어떤 의미인가요?

"서울이면서도 서울 같지 않은, 하지만 내일이 더 궁금한 곳입니다."

노원은 수락산, 불암산, 중랑천이 흐르는 배산임수의 명당이지만, 한편으론 서울 평균에 한참 못 미치는 오래된 아파트 숲이기도 합니다(ㅠㅠ). '넘버원 노원'을 외치지만 정작 섬처럼 고립된 느낌을 받을 때도 있어요. 하지만 저는 노원이 가장 많이 변화할 지역이라 확신합니다. 창동차량기지의 이전과 광운대역세권 개발, 노후 아파트 재건축이 가속화되면 지금의 저평가를 딛고 제대로 평가받는 노원이 될 것이라 기대하고 있습니다.

노원에서 행복했던 순간과 불편했던 순간은 언제인가요?

"딸아이의 웃음과 자연이 주는 행복, 그러나 부동산 이야기 앞에서는 작아집니다."

두 아이가 노원에서 태어나 예쁘게 성장하는 모습만 봐도 행복이 밀려옵니다. 또 집 주변에 수락산 무장애길이나 중랑천 같은 훌륭한 산책로가 있다는 사실에 늘 감사합니다.

하지만 지인들과 부동산 이야기를 할 때 가장 힘듭니다. 강남이나 마용성과의 시세 차이를 보면 자괴감이 들죠. 대학생이 된 큰애가 "아빠는 왜 강남 안 갔어?"라고 물을 땐 정말 미안하고 불편해집니다. 주차 전쟁도 심각합니다. 지하 주차장이 없어 눈비를 그대로 맞고 서 있는 차를 볼 때면 차에게 미안한 마음까지 듭니다.

10년 후, 미래세대와 함께 살아갈 노원은 어떤 모습이길 바라나요?

"OLD 노원에서 NEW 노원으로, 젊은 세대가 찾아오는 도시가 되어야 합니다."

지금 노원은 건물도 사람도 늙어갑니다. 앞으로 10년, 노원은 젊어져야 합니다.

첫째, 일자리 창출로 스스로 살아갈 수 있는 자급자족 도시가 되어야 합니다.

둘째, 30년 넘은 아파트들의 신속한 재건축으로 주거 환경을 완전히 바꿔야 합니다.

셋째, 자연과 어우러진 친환경 재생에너지 지역으로 거듭나야 합니다.

넷째, 출산과 육아가 축복이 되는 교육·육아 특화 지원이 필요합니다.

출퇴근 스트레스를 줄이기 위해 내부 교통 체계에 필요한 변화는 무엇인가요?

"7호선 급행 노선 도입과 도봉구 연계 버스 확충이 시급합니다."

노원에서 22년째 종로와 역삼역으로 출퇴근하고 있습니다. 도로 정체가 심해 버스보다는 지하철 의존도가 높은데, 향후 7호선이 포천까지 연장되면 탑승 인원이 폭증할 텐데 대체 수단이 없어 걱정이 큽니다. 우선 7호선에 9호선 같은 급행 노선을 추가해 늘어날 탑승객의 불편을 줄여야 합니다. 또한, 1호선과 종로행 버스 노선이 많은 도봉구와의 연계성을 높여야 합니다. 현재 노원에서 도봉 쪽으로 가는 버스가 거의 없는데, 도봉 연계 버스 노선을 확충한다면 직장인들의 출퇴근길 숨통이 트일 것입니다.

응답하라, 송재혁

『너는 왜 정치를 하니?』 출판기념회

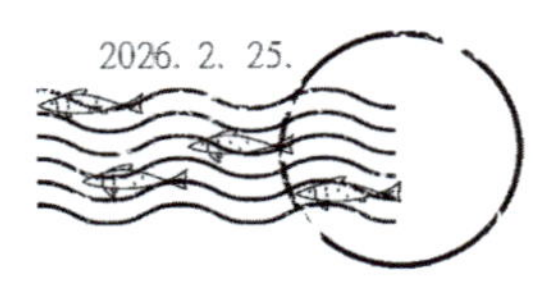

'섬'이 된 노원을 다시 '서울'로 잇는 광역 행정의 해법

노원에서 22년을 묵묵히 일궈오신 세월이 문장마다 고스란히 느껴집니다. 특히 따님의 질문에 마음이 무거웠다는 말씀은 저 역시 노원의 미래를 책임지겠다고 나선 공직자로서 가슴 한구석이 아릿하게 다가옵니다.

오의석님이 느끼시는 자괴감은 지난 40년 동안 노원이 '주거 중심의 베드타운'에 머물러 있었음을 보여주는 뼈아픈 지표입니다. 출퇴근의 고단함은 단순히 개인의 인내로 해결할 문제가 아니라, 노원의 도시 구조와 행정 시스템이 시대의 변화를 따라잡지 못한 결과입니다.

'7호선 급행화'와 '도봉 연계 버스망 확충'은 서울시와 인근 자치구를 설득해내는 광역 단위의 행정력과 예산 설계 능력이 뒷받침되어야 가능한 일입니다. '섬'처럼 고립되었던 노원을 다시 서울의 심장부와 유기적으로 연결하여, 주민들이 누리는 삶의 가치가 더 이상 부동산 시세에 의해 저평가받지 않도록 패러다임을 바꿀 필요가 있습니다.

"장애가 장벽이 되지 않는 도시,
평등한 이동권이 보장되는 노원"

유수현 | (사)서울장애부모연대 노원지회 회장 부모

당신에게 노원은 어떤 의미인가요?

"약자와 동행하며 시설 정비가 잘 되어 있는, 장애인 친화적인 삶의 터전입니다."

저에게 노원은 약자와 동행하며, 장애인이나 노약자도 이동하기 편하도록 지역 내 시설 정비가 잘 되어 있어 참 살기 좋은 곳입니다. 특히 장애인들에게는 그동안 병원의 문턱이 매우 높았는데, 최근 '장애인 친화 병원'을 확대하면서 산부인과, 안과, 치과 등 평소 다닐 수 없던 진료 분야가 넓어져 실제 병원 이용에 많은 도움을 받고 있습니다.

노원에서 행복했던 순간과 불편했던 순간은 언제인가요?

"배려와 존중이 깃든 시선에 행복을 느끼지만, 휠체어이용자에게는 작은 턱 하나도 여전히 큰 벽입니다."

장애에 대한 인식이 잘 갖춰져 있어 어디를 가든 배려와 존중이 함께한다는 점이 가장 행복합니다. 덕분에 외출할 때 두려움 없이 나설 수 있어 좋습니다. 반면, 불편한 점은 휠체어를 이용하는 분들에게는 1층이라 하더라도 아주 약간의 턱만 있으면 이동이 매우 어렵다는 사실입니다. 따라서 전체적으로 경사로 지원이 대폭 확대되었으면 합니다.

10년 후, 미래세대와 함께 살아갈 노원의 모습은 어떠해야 할까요?

"단순한 지원을 넘어 소통과 놀이가 살아있는, 장애인이 사회의 일원으로 당당히 서는 도시를 소망합니다."

10년 후의 노원은 장애인, 노인, 다문화 등 사회적 약자에 대한 무조건적인 지원을 넘어, 그들의 일상생활을 면밀히 살펴보고 대화나 놀이, 치매 예방을 위한 전문적인 인력 지원까지 할 수 있는 세심한 행정이 있기를 바랍니다. 특히 현재 발달장애인이 증가하고 있는 현실에서 이들이 사회의 일원이 되기 위한 종합적인 정책이 필요하며, 이에 대한 적극적인 관심과 행동이 뒷받침되는 도시를 그립니다.

모두가 안전하고 자유롭게 이동하는 무장애 도시를 만들기 위해 행정이 최우선으로 개선해야 할 점은 무엇일까요?

"이동의 자유를 보장하는 인프라 확충과 중증 장애인 가족을 위한 전문 돌봄 시스템이 절실합니다."

장애인도 비장애인과 동등한 노원구민이라는 생각에서 출발한다면 시설이나 인프라 접근이 훨씬 용이할 것입니다. 가장 시급한 것은 경사로 지원이며, 저상버스의 확대도 필요합니다. 특히 휠체어가 다닐 수 있는 도로 정비가 중요합니다. 보도블록은 울퉁불퉁하여 휠체어나 유아차를 밀고 다닐 때 매우 위험해 어쩔 수 없이 차도를 이용하게 되므로, 보도블록이 아닌 매끈한 인도가 필요합니다. 나아가 장애인을 위한 카페, 도서관, 수영장도 필수적입니다. 현재는 치료 시설만 다닐 수 있는 것이 현실인데, 집에서 중증 장애인을 온전히 돌봐야 하는 가족들이 함께 나들이하며 소통할 수 있는 전문 시스템과 인력이 준비되어야 합니다. 이러한 시스템이 갖춰질 때 비로소 일상의 기쁨을 함께 나눌 수 있습니다.

응답하라, 송재혁

『너는 왜 정치를 하니?』 출판기념회

"장벽을 허무는 세심함이 곧 도시의 품격이며, 공공의 책임 복지를 완성하는 시작입니다"

일상 속 작은 차이에서 차별을 느낄 수밖에 없는 현장의 목소리를 전해주신 유수현 회장님의 제언에서 깊은 울림과 무거운 책임감을 느낍니다. 회장님이 짚어주신 '매끈한 인도'와 '작은 턱의 제거'는 행정이 결코 가볍게 넘겨서는 안 될 인권과 안전의 문제입니다. 제가 평소 강조해온 '정직한 행정'은 보여주기식 성과가 아니라, 휠체어와 유아차가 차도로 밀려나지 않도록 보도블록 하나까지 세심하게 살피는 '현장 중심 행정'에서 완성됩니다. 특히 중증 장애인 가족이 겪는 '고립된 돌봄'의 고통을 덜어드리기 위한 전문 시스템과 나들이 공간에 대한 제안은 제가 지향하는 '예방적 복지 모델'의 핵심 과제입니다. 단순히 시설을 짓는 데 그치지 않고, 전문 인력이 뒷받침되는 통합 돌봄 체계를 구축하여 유수현 회장님이 소망하시는 '가족이 함께 일상의 기쁨을 누리는 노원'을 저 역시 꿈꿉니다.

장애인 친화 병원의 성과를 넘어, 일상의 모든 공간이 장애인과 비장애인에게 동등한 무게로 다가가는 무장애 도시를 향한 설계를 멈추지 않겠습니다. 발달장애인이 우리 사회의 당당한 일원으로 자립하고, 그 가족들이 더 이상 홀로 짐을 지지 않아도 되는 '공공 책임 복지'를 노원의 미래 비전 안에서 담아내는 것은 반드시 필요합니다.

"자연의 감각을 품은 노원,
상인이 머물 때 골목은
살아납니다"

윤민수 | 노원에서 성장한 청년이자 대표 자영업자

당신에게 노원은 어떤 의미인가요?

"자연과 관계가 이어지는 노원, 저에게는 삶과 사업의 뿌리입니다."

저에게 노원은 많은 것을 선물해 준 동네입니다. 서울 안에서도 '동네'라는 단어가 이토록 잘 어울리는 곳은 흔치 않습니다. 어린 시절부터 보아온 자연과 풍경이 비교적 그대로 남아 있다는 점은 제가 이곳에서 삶을 이어가고 사업을 시작한 가장 큰 이유이기도 합니다. 저에게 노원은 단순한 거주지를 넘어, 사람과 관계가 이어지는 소중한 생활의 터전입니다.

노원에서 행복했던 순간과 불편했던 순간은 언제인가요?

"이웃의 따뜻한 정이 행복의 원천이며, 낡은 주거 환경은 개선해 나갈 과제입니다."

노원에서 가장 행복했던 기억은 이웃 사이의 '정'을 느꼈을 때입니다. 신혼 시절, 노후된 아파트라 소음 문제가 있었음에도 "사람 살다 보면 그럴 수 있다"며 이해해 주셨던 이웃분들 덕분에 '사람 냄새 나는 동네'라는 확신을 얻었습니다. 다만, 오래된 아파트 단지가 많은 만큼 주거 환경에서 오는 물리적인 불편함은 종종 아쉬움으로 다가오기도 합니다.

10년 후, 미래세대와 함께 살아갈 노원의 모습은 어떠해야 할까요?

"자연의 감각을 미래세대에 물려주고, 대를 이어 살고 싶은 동네가 되길 바랍니다."

제가 현재 감각적인 일을 할 수 있는 배경에는 노원의 산과 자연 속에서 자라며 길러진 경험이 있다고 믿습니다. 10년 후의 노원 역시 이 소중한 자연을 미래세대에 온전히 물려줄 수 있는 환경이기를 바랍니다. 여기에 더해 노후화된 주택 문제가 해결되어, 세대가 바뀌어도 계속해서 정착하고 싶은 '자연과 삶의 질이 공존하는 도시'가 되길 기대합니다.

지역상권이 활기를 되찾고 '찾아오는 명소'가 되기 위해 필요한 행정적 지원은 무엇일까요?

"청년 상인이 안정적으로 버틸 수 있는 구조가 지역 상권을 살리는 실질적인 열쇠입니다."

젊은 세대가 활동할 수 있는 영역이 먼저 구축되어야 합니다. 상권은 노후화되었지만, 임대료와 고정비 부담은 낮지 않아, 청년 상인들이 새로운 도전을 시작하기엔 현실적인 장벽이 높습니다. 젊은 상인이 안정적으로 자립하지 못하면 상권의 활력도 기대하기 어렵습니다. 초기 창업자를 위한 임대료 완화와 단계별 지원은 물론, 젊은 감각의 콘텐츠가 담길 수 있는 공간 기획이 병행되어야 합니다. 상인이 오래 머무는 구조가 결국 '찾아오는 명소'를 만드는 근본적인 해결책입니다.

응답하라, 송재혁

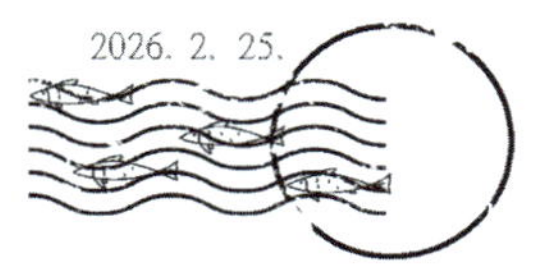

『너는 왜 정치를 하니?』 출판기념회

"청년의 감각이 콘텐츠가 되고, 상인의 안정이 지역의 활력이 되는 순환 구조가 필요합니다"

윤민수님이 강조하신 '이웃의 정'과 '자연의 가치'는 노원이 가진 가장 강력한 소프트웨어입니다. 하지만 청년 상인이 마주한 '높은 장벽'과 '낡은 상권'이라는 하드웨어적 한계는 우리가 시급히 풀어야 할 행정적 숙제입니다.

지역 경제의 활력은 단순히 건물을 짓거나 이벤트를 여는 데서 오지 않습니다. 제가 앞서 본문에서 강조했듯, 청년들의 감각이 골목의 고유한 콘텐츠가 되고 상인들이 안심하고 머물며 실험할 수 있는 '지역순환경제'의 토대가 마련되어야 합니다. 임대료 부담을 낮추는 공공의 개입과 더불어, 노원의 자연과 청년의 감각이 융합된 '로컬 브랜드' 육성에 행정력을 집중해야 합니다.

사람이 머물고 꿈을 키우는 골목, 청년 상인이 노원의 가능성을 믿고 대를 이어 자부심을 가질 수 있는 '생활 자족형 도시'를 구성해야 한다고 생각합니다.

"마을에서 찾은 생태의 가치,
초록으로 덮인 녹색도시 노원"

이은수 | 도시농부, 환경 활동가

당신에게 노원은 어떤 의미인가요?

"마을을 열고 보니 꽃보다 아름다운 이웃이 있는, 포근한 제2의 고향입니다."

저에게 노원은 제2의 고향과 같은 따뜻한 곳입니다. 마을 활동을 하며 만나는 귀한 이웃들이 이곳에 있고, 그들과 함께하는 매 순간이 저에게는 무엇보다 소중합니다. 이웃과 함께 마음을 나누며 살아가는 노원은 저에게 가장 특별한 정주공간입니다.

노원에서 행복했던 순간과 불편했던 순간은 언제인가요?

"천수텃밭의 흙을 만지는 도시농부의 행복, 자연과 시민 활동이 살아있는 곳입니다."

너는 왜 정치를 하니?

중계본동 천수텃밭에서 도시농부로 활동하며 흙을 만지고 자연을 벗삼아 살아가는 매일이 행복합니다. 우리 노원은 자연 자원이 풍부할 뿐만 아니라 시민 활동이 매우 활발하여, 다양한 실험을 통해 새로운 가치를 만들어낼 수 있다는 점이 큰 장점입니다. 지역에서 활동하며 특별히 불편함을 느낀 적이 없을 정도로 노원의 환경에 만족하고 있습니다.

10년 후, 미래세대와 함께 살아갈 노원의 모습은 어떠해야 할까요?

"건물 옥상과 벽면이 초록으로 덮인, 기후 위기에 강한 생태도시를 소망합니다."

급격한 기후 변화는 미래 세대에게 큰 짐이 되고 있습니다. 10년 뒤의 노원은 크고 웅장한 건물이 들어선 도시보다, 자연을 더 자연스럽게 가꾸는 생태 전환이 이루어진 곳이길 바랍니다. 모든 건물의 옥상과 지붕, 벽면을 초록 식물이 덮는 녹색 도시가 되어 미래 세대에게 건강한 지구를 물려줄 수 있기를 꿈꿉니다.

탄소중립 시대를 선도하기 위해 행정에서 강력하게 추진해야 할 환경 정책은 무엇일까요?

"발생원 자체 감량이 가능한 '음식물쓰레기 자원화' 시스템의 전면 확산이 필요합니다."

현재의 RFID 기반 종량기는 무게만 잴 뿐 실질적인 감량 효과가 부족합니다. 반면, 노원의 일부 단지에서 10년 전부터 민간 주도로 운영 중인 '친환경 자원화 기기'는 음식물쓰레기를 현장에서 70~80%까지 줄이고 부산물을 퇴비로 재활용하는 혁신적인 기술을 보여주고 있습니다. 탄소중립 선도도시를 표방하는 노원이 이제는 운반 과정의 악취와 비용을 줄이고, 발생원에서 즉시 자원화할 수 있는 이 시스템을 행정적으로 전폭 지원하여 실질적인 자원순환 모델을 완성해야 합니다.

응답하라, 송재혁

『너는 왜 정치를 하니?』 출판기념회

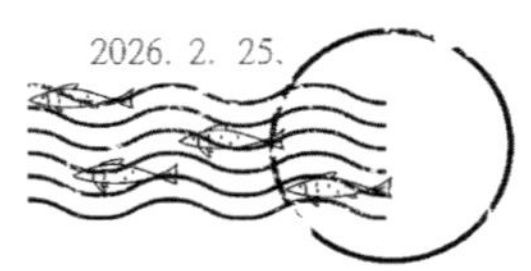

"구호뿐인 탄소중립이 아닌, 흙과 자원이 순환하는 '실천적 녹색 행정'이 필요한 때입니다"

'마을을 열고 보니 꽃보다 아름다운 이웃이 있었다'는 말씀은 노원의 환경 의식이 학습과 연대로 긴 시간 축적된 결과임을 다시금 일깨워줍니다. 우리 공동체가 가야 할 본질을 꿰뚫는 표현입니다.

기후 위기 대응은 환경 부서만의 과제가 아니라 주거, 에너지,

일자리가 결합된 종합적인 행정 정책으로 다뤄져야 합니다. 말씀하신 10여 년간 검증된 음식물쓰레기 발생원 감량 시스템에 대한 제안은 행정이 빠른 시일내에 검토하고, 응답해야 할 과제입니다. 단순히 쓰레기를 치우는 행정을 넘어, 현장에서 줄이고 자원으로 되돌리는 실질적인 자원순환 체계를 노원 전역으로 확산시켜야 합니다.

건물 벽면과 옥상을 초록으로 물들이는 입면 녹화 사업 또한 도시 열섬 현상을 막고 미래 세대에게 떳떳한 환경을 물려줄 핵심 사업입니다. 자연과 이웃이 공존하는 '생태 도시 노원'의 미래를 꿈꿉니다. 텃밭에서 흙과 함께 자연 속에서 살며 우리들도 자연에 속해 있음을 온몸으로 느끼는 대표님의 지혜를 나눠주셔서 감사합니다.

"아이와 부모가 함께 행복한 도시, 교육의 자부심이 흐르는 노원"

최희정 | 두 아이를 키우는 워킹맘

당신에게 노원은 어떤 의미인가요?

"친구들과 자란 추억의 터전이자, 우리 아이들의 미래가 자라나는 소중한 뿌리입니다."

노원은 제 학창 시절의 기억이 고스란히 담긴 곳인 동시에, 현재는 아이들을 낳고 키우며 삶을 이어가고 있는 소중한 터전입니다. 중·고등학교를 모두 이곳에서 보냈기에 지역에 대한 애정이 남다를 수밖에 없습니다. 저에게 노원은 성장과 가족, 친구들과의 추억이 층층이 쌓여 있고, 지금도 매일 새로운 이야기가 만들어지고 있는 특별한 공간입니다.

노원에서 행복했던 순간과 불편했던 순간은 언제인가요?

"당현천의 불빛처럼 소소한 행복이 있는 곳, 그러나 워킹맘에게는 더 촘촘한 돌봄이 필요합니다."

은행사거리에서 친구들과 야식을 먹으며 웃던 소소한 학창 시절의 기억, 그리고 당현천 불빛 축제에서 설레하던 아이들의 눈빛을 볼 때 큰 행복을 느낍니다. 반면, 일하는 엄마로서 야근 등 긴급 상황이 생길 때 아이를 안심하고 맡길 돌봄 공간이 부족하다는 점은 늘 아쉬운 대목입니다. 워킹맘으로서 느끼는 이런 현실적 한계들이 돌봄 정책의 중요성을 더욱 절감하게 합니다.

10년 후, 미래세대와 함께 살아갈 노원의 모습은 어떠해야 할까요?

"아이 한 명을 온 마을이 함께 키우는, 든든하고 안전한 교육공동체를 소망합니다."

'아이 한 명을 키우려면 마을 하나가 필요하다'는 말처럼, 아이의 성장은 개인을 넘어 공동체의 몫이어야 합니다. 10년 뒤의 노원은 이웃과 교육기관, 지역사회가 유기적으로 아이를 돌보는 구조가 완벽히 갖춰진 곳이길 바랍니다. 제도적·공간적 사각지대가 보완되어 모든 아이가 안전하고 자유롭게 꿈을 펼칠 수 있는 도시가 되기를 꿈꿉니다.

교육 도시 노원의 명성을 이어가기 위해 행정에서 만들어줘야 할 환경은 무엇일까요?

"유연한 긴급 돌봄 체계와 공공 교육 플랫폼으로 교육 격차 없는 도시를 완성해야 합니다."

학교 밖에서도 아이들의 재능을 키울 수 있는 촘촘한 환경 조성이 핵심입니다. 워킹맘을 위해 출퇴근 시간에 맞춘 '시간 유연형 돌봄'과 '긴급 돌봄'이 더욱 세밀하게 마련되어야 하며, 돌봄의 질 또한 단순 보호를 넘어 배움과 놀이가 공존하는 수준까지 높아져야 합니다. 또한, 높은 사교육 수요를 행정이 흡수하여 예술·과학·외국어 등 다양한 분야의 '공공 강의 시스템'을 저렴하게 제공함으로써, 모든 아이에게 부모의 소득과 관계없이 재능을 발견할 수 있는 기회를 보장해야 합니다.

응답하라, 송재혁

『너는 왜 정치를 하니?』 출판기념회

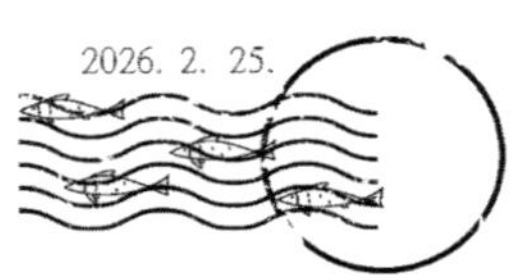

"양육의 짐을 공동체가 나누고, 공공의 책임 교육으로 아이들의 꿈을 키울 수 있도록 뒷받침해야 합니다"

은행사거리에서 꿈을 키우던 소녀가 이제 두 아이의 어머니가 되어 건네주신 진심 어린 말씀에 깊이 공감합니다. 특히 긴급한 상황에서 발을 동동 굴러야 했던 워킹맘의 고충은 행정이 가장 먼저 응답해야 할 영역입니다. 돌봄의 공백은 노원의 인구 감소를 가속화하는 가장 결정적인 원인 중 하나입니다. 이제 교육은 학교 안에서의 학습을 넘어, 온 마을이 아이의 성장을 책임지는 '공공 돌봄'의 영역으로 확장되어야 합니다. 일회성 지원금보다 부모의 경력과 아이의 재능을 동시에 지켜주는 시스템 구축이 훨씬 시급합니다.

'교육특구'의 명성은 입시 결과에 달려있는 것이 아니기에, '공공 교육 플랫폼'을 제공하여 누구나 평등한 배움의 기회를 누리고, 아이들의 꿈을 실현할 수 있게 해야 합니다. 교육경비 지원을 대폭 확대하여 미래형 교육 프로그램을 도입하는 것은 단순한 지출이 아니라, 노원의 인구 구조를 다시 젊게 만드는 가장 확실한 미래 투자입니다. 아이와 부모가 노원에서 안정적인 미래를 꿈꿀 수 있도록 교육 자치의 책임을 다하는 것이 마땅하다고 생각합니다.

"러시아 고향을 닮은 노원,
국경을 넘어 아이 키우기 좋은
공동체를 소망"

카자코바 이나 | 작년 귀화, 영어 지도사,
노원에서 아들을 낳고 기르는 어머니

당신에게 노원은 어떤 의미인가요?

"결혼과 출산의 기억이 깃든 곳이자, 러시아 고향의 숲을 떠올리게 하는 포근한 터전입니다."

저에게 노원은 한국 가정생활의 시작이자 마지막이 될 소중한 곳입니다. 이곳에서 결혼식을 올렸고 사랑하는 아들을 낳았습니다. 노원의 풍성한 산과 나무, 꽃들을 보고 있으면 러시아에 있는 제 고향이 떠오릅니다. 자연이 주는 익숙함 덕분에 노원은 저에게 더할 나위 없이 편안한 공간입니다.

노원에서 행복했던 순간과 불편했던 순간은 언제인가요?

"전문인으로서 자아를 찾은 성취감은 행복이었지만, 심화 학습을 위한 인프라는 아쉬움으로 남습니다."

서울북부여성센터에서 영어 지도사 연수를 받고 자격증을 취득했을 때가 가장 행복했습니다. 가사와 양육을 넘어 스스로 직업을 갖고 경제 활동을 할 수 있게 된 것은 저에게 큰 성취감을 주었습니다. 반면, 한국어 전공자로서 실력을 더 쌓고 싶었음에도 지역 내에서 적합한 심화 교육기관을 찾기 어려웠던 점은 불편함으로 남아있습니다.

10년 후, 미래세대와 함께 살아갈 노원의 모습은 어떠해야 할까요?

"문화적 다양성을 포용하고, 일과 여가의 균형이 보장되는 열린 도시를 그립니다."

10년 뒤의 노원은 외국인 주민들을 위한 일자리가 더욱 풍부해지고, 일과 삶의 균형이 잘 갖춰진 도시이길 바랍니다. 한국 사회가 점차 문화적 다양성을 포용해 나가는 만큼, 지역의 전통을 존중하면서도 서로의 다름을 인정하는 성숙한 공동체로 거듭나기를 기대합니다.

다문화 가정과 한국인 가족이 함께 어우러지기 위해 행정에서 시급히 추진해야 할 프로그램은 무엇일까요?

"자연 속에서 언어와 문화를 배우는 '가족 통합 산행'으로 소통의 장을 열어야 합니다.”

학생과 학부모가 함께하는 등산 행사를 제안합니다. 산에서 보물찾기 지도를 만들거나 새집을 지어보는 활동은 한국인 가족과 외국인 가족이 자연스럽게 어울릴 기회를 제공할 것입니다. 또한 산행 중에 한국어 문법 게임이나 경연 대회를 열어 재미있게 언어를 배우는 과정도 유익할 것입니다. 적은 비용으로도 구민들이 함께 정을 나누며 문화적 장벽을 허물 수 있는 실질적인 소통의 장이 필요합니다.

응답하라, 송재혁

『너는 왜 정치를 하니?』 출판기념회

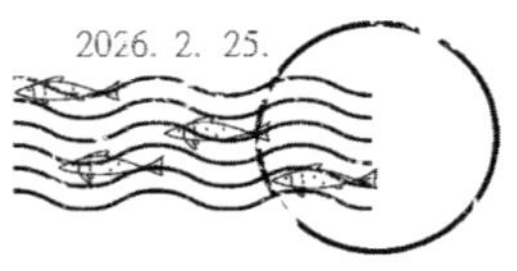

“국경 없는 공감과 생태의 가치가 어우러지는 ‘글로벌 포용 도시’ 노원을 꿈꿔봅니다”

러시아의 숲을 닮은 노원에서 가정을 일구고 다들을 낳아 기르신 이나님의 이야기는, 노원이 국적을 불문하고 ‘누구에게나 아이 키우기 좋은 도시’가 되어야 한다는 제 신념을 다시금 확인시켜 줍니다. 전문성을 가진 외국인 주민들이 경력단절 없이 지역 사회에 기여할 수 있도록 돕는 일은, 노원의 ‘버전2’ 자족도시를 만드는 데 있어 중요한 인적 자산이 될 것입니다.

특히 제안하신'가족 통합 산행'은 제가 지향하는 '생태 전환 교육'과 '공동체 회복'이 결합된 아주 스마트한 대안입니다. 인공적인 시설보다 우리가 가진 수락산과 불암산이라는 천혜의 자연에서 한국어와 문화를 나누는 과정은, 그 어떤 교실 수업보다 강력한 연대감을 만들어낼 것입니다.

언어의 장벽과 문화적 편견을 허물고, 모든 주민이 '노원 사람'이라는 자부심으로 연결되는 따뜻한 포용 도시가 되어야 한다는 것에 깊이 공감합니다. 작년에 귀화하셨다는 기쁜 소식을 들었습니다. 진심으로 축하드립니다.

너는 왜
정치를 하니?

대학을 갓 졸업한 1988년, 재야에서 활동하던 선배가 평민당에 입당해 총선에 출마합니다.

호랑이를 잡으려면 호랑이 굴로 들어가야 한다는 명분이었지만 석연치 않았습니다.

유신독재와 전두환 정권에 맞섰던 재야의 많은 선배들이 호랑이를 잡겠다며 제도권으로 들어갔지만 호랑이 굴에 들어간 사람들은 대부분 먹히거나 새끼 호랑이가 되었습니다. 재야는 재야에서, 종교인은 종교인으로서, 학생은 학생으로서 감당해야 할 역할이 있는데 모두 정치를 하겠다고 하면 소위 "소는 누가 키우냐"는 생각이 들었습니다.

총선 이후 충무로에서 영화 기획 일을 하고 있을 때입니다. 낮에는 제일기획에서, 밤에는 저와 함께 선배의 선거 기획을 도왔던 지인이 정치광고 회사를 차리자고 제안했습니다. 두 사람은 정치광고 회사에 앞서 지역 언론부터 시작하기로 하고 1990년 초에 노원에 들어와 노원 라이프저널을 만들었습니다.

그 무렵 국회의원이 된 선배로부터 지방의원 출마 제안을 받았습니다.

하지만 그때는 지방의원이 되어 내가 할 수 있는 일이 무엇인지 명확하지 않았습니다. 1995년 임채정 국회의원으로부터 비슷한 제안을 받았을 때도 처음부터 긍정적인 것은 아니었습니다. 다만 지난 몇 년간 노원의 골목을 누비며 취재하고, 사람들을 만나고, 관계를 쌓는 과정을 통해 노원이라는 공간 안에서 내가 할 수 있는 일, 해야 하는 일이 보이기 시작했습니다.

구의원으로서의 정치 활동을 시작했습니다. 노원구 재정(자금) 운영의 문제점과 지역난방의 구조적인 한계를 들추어내고 아파트 관리제도 개선에도 앞장섰습니다. 하지만 의존 재정의 틀 안에 갇혀 서울시의 예산 없이는 중랑천의 돌 하나, 수락산의 나무 한 그루 옮길 수 없다는 현실과 마주하게 되었습니다. 노원구는 태생적인 한계로 인해 어쩔 수 없이 서울시의 종속변수입니다. 이는 노원의 미래를 이야기하고, 발전의 방향을 설계하기 위해서는 노원구 차원의 노력만으론 부족하다는 것, 서울시의 정책과 사업을 이해하고, 그 흐름 속에서 대응하지 않으면 안 된다는 것을 의미합니다.

"왜 정치를 하세요?"

노원구 의원 2번, 서울시의원 2번 적지 않은 시간 동안 지역에서 활동하면서 수없이 마주해온 질문입니다.

이 질문 앞에는 종종 '하필' 혹은 '굳이'라는 단어가 생략되어 있습니다. 이는 우리 사회가 정치를 바라보는 뿌리 깊은 불신과 실망, 때로는 걱정과 체념의 표현이기도 합니다.

정치는 본래 공부하고, 논의하고, 제안하고, 합의하며 정책과 사업을 만들어가는 과정입니다. 그러나 이런 정치의 본모습은 갈등과 독선이라는 자극적인 장면 뒤에 가려져 있습니다. 사람들은 정치를 강한 카리스마, 모질고 단단한 태도로 기억합니다. 갈등을 밀어붙이고, 욕심을 숨기지 않으며, 때로는 '나쁜 남자' 같은 이미지를 정치인의 자질로 떠올립니다.

그래서인지 종종 "정치인 같지 않다"는 말을 듣습니다. 계산적이고 저돌적인 이미지에 익숙한 정치의 풍경 속에서, 나는 여전히 이성적이고 논리적이며 원칙적이라는 평가를 받습니다. 하지만 그 낯선 시선 속에서 오히려 우리가 회복해야 할 정치의 단서를 발견할 수 있었습니다.

"왜 정치를 하느냐"는 질문은 반드시 부정적인 것만은 아닙니다. 그 질문에는 "어떤 생각과 목표를 가지고 정치를 하느냐"는 또 다른 의미가 담겨 있습니다. 그래서 다시 스스로에게 물어봅니다.

"나는 왜 정치를 하는가."

언제나 답이 하나로 정리되지는 않습니다. 그러나 분명한 원칙은 있습니다. 의원이라는 자리는 개인의 영광이나 목표가 아니라, 시민의 삶을 바꾸기 위한 수단이어야 한다는 것. 민원을 해결하는 과정에서 할 수 없는 일은 있을 수 있지만, 몰라서 못 하는 일은 없어야 한다는 것. 권력을 누리기 위해 정치를 하는 사람이 아니라, 해야 할 일이 있어서 정치를 하는 사람이어야 한다는 것입니다.

정치는 권력을 증명하는 일이 아니라, 역할을 수행하는 일입니다. 특히 지방자치의 현장에서 정치는 사람의 삶을 가장 직접적으로 바꿉니다. 예산의 우선순위를 조정해 아이들의 돌봄 환경을 개선하고, 정책 하나로 어르신의 하루를 조금 더 편안하게 만들며, 마을 공동체 사업을 통해 끊어진 관계를 다시 잇습니다.

법과 제도는 중앙에서 만들어지지만, 시민들이 체감하는 삶의 온도는 결국 지방정부의 세밀한 정책과 사업에서 결정됩니다. 이것이 지방자치와 지역 정치가 필요한 이유입니다.

정치에 대한 부정적인 인식이 쉽게 바뀌지 않는다는 것을 압니다. 그럼에도 불구하고 '정치를 해야 하는 이유'를 반복적으로 확인하는 것은, '정치를 해야 하는 이유'가 '정치의 본질적인 모습'을 찾아가는 과정과 맥을 같이하고 있기 때문입니다.

추신. 인터뷰를 통해 '내가 정치를 해야 하는 이유'에 대한 방향을 잡아주신 열 분과 인터뷰를 진행하는 과정에서 섭외와 원고를 정리해 주신 노연수 구의원님께 감사드립니다.